Essais de Critique

ESSAIS DE CRITIQUE

Sur l'Histoire militaire des Gaulois et des Français

THÉODORE DURET

ESSAIS DE CRITIQUE

SUR

L'HISTOIRE MILITAIRE

DES GAULOIS ET DES FRANÇAIS

PARIS
ÉDITIONS DE LA REVUE BLANCHE
23, BOULEVARD DES ITALIENS, 23
1901

ESSAIS DE CRITIQUE

SUR L'HISTOIRE MILITAIRE DES GAULOIS ET DES FRANÇAIS

I

LES GAULOIS

> Le caractère commun de toute la race gallique, dit Strabon d'après le philosophe Posidonius, c'est qu'elle est irritable et folle de guerre.
>
> (MICHELET, *Histoire de France*, liv. I, chap. I.)

Il faut d'abord remarquer, quand on parle de la Gaule antérieure à la conquête romaine, que sa civilisation, sa langue, son culte ont disparu, sans que les Gaulois eux-mêmes nous en aient laissé de témoignages. Les Gaulois, au moment où Rome est venue les subjuguer, n'avaient point atteint ce degré de développement, qui permet aux hommes de léguer à la postérité le souvenir des choses passées. Ils avaient des bardes, pour chanter les exploits des guerriers, et des druides, pour maintenir et répandre les doctrines religieuses, mais les uns et les autres étaient restés à cet étage inférieur de la culture, où l'enseignement se transmet par la seule parole orale et s'évanouit bientôt. Nous ne connaissons donc point les Gaulois par ce qu'ils ont pu nous apprendre d'eux-mêmes, nous ne les connaissons que par ce que les écrivains des deux grandes nations cultivées de l'antiquité, les Grecs et les Romains, nous en ont dit. Il y aurait là une cause de désavantage pour eux, puisqu'ils ne nous ont laissé aucun moyen de contrôler les assertions émises sur leur compte par des hommes qui étaient, après tout, des rivaux ou des ennemis. Cependant les portraits tracés par les écrivains anciens les plus impartiaux et les mieux renseignés et, dans tous les cas, indépendants et séparés les uns des autres, s'accordent sur les points essentiels. On peut donc en tenir la résultante pour exacte et on doit admettre que les Gaulois ont été bien jugés par l'antiquité.

Les traits propres qu'elle s'est accordée à leur donner étaient une extrême mobilité de caractère, une forme impulsive de toute la conduite jointes à une grande inclination pour la parole et les discours brillants. Enfin, et surtout, un extraordinaire amour de la guerre, du combat en lui-même et pour lui-même. Comme corollaires, une bravoure agressive et téméraire et un profond mépris de la mort, affrontée les armes à la main.

Il faut constater tout de suite que la façon d'être en guerre en permanence, au moment où ils menaient une vie indépendante, n'était pas spéciale aux Gaulois, mais était alors la condition normale de tous les hommes. La guerre, à cette époque reculée, était la manière d'être essentielle du monde; tous les peuples s'y appliquaient, comme à une lutte nécessaire, pour ne pas succomber sous les coups de leurs rivaux. Ce n'est donc pas le fait de s'adonner à la guerre à l'état permanent qui pourrait distinguer les Gaulois. C'est leur façon particulière et sans seconde de la comprendre, qui les mettait à part. Tous les hommes pouvaient alors s'y livrer sans arrêt, mais chacun y apportait des instincts propres et personne n'en avait de semblables à ceux des Gaulois. Ils poursuivaient surtout la guerre pour le plaisir intrinsèque qu'elle procure, à l'aventure, en courant le monde, tandis que les gains, territoriaux ou autres, à en obtenir, n'apparaissaient que comme but accessoire. Et aussi la guerre était conduite par eux sans frein, et portée le plus loin possible, souvent jusqu'à épuisement total de forces.

Il n'y avait certes, dans l'antiquité, que les Gaulois qui pratiquassent la guerre de la sorte.

Les autres peuples avaient des vues très différentes. Chez les Romains, le côté politique dominait au contraire, et l'activité militaire était étroitement subordonnée à des fins calculées. Les Germains voyaient, dans la guerre, les avantages certains à recueillir, et ils la poursuivaient, à l'époque nomade, surtout pour acquérir des terres sur lesquelles ils pussent s'étendre.

En comparant spécialement la conduite guerrière des Romains avec celle des Gaulois, on observe un absolu contraste. Les Romains ont fait la guerre, sans discontinuer, pour subjuguer les peuples de l'ancien monde. Ils y sont, en effet, parvenus et ont créé un empire qui a embrassé toutes les terres autour de la Méditerranée. Mais avec quelle lenteur et quelle méthode ils ont procédé! Ils ont d'abord conquis les petits peuples, leurs voisins immédiats, qu'ils se sont assimilés, pour accroître leurs forces restreintes. Ces premiers résultats obtenus, ils ont attaqué et soumis les autres peuples de l'Italie, plus éloignés d'eux, mais encore, au fond, de même race et toujours assimilables. C'est ce travail d'appropriation de la Péninsule qui a demandé le plus de temps et d'efforts. Pendant les deux siècles qu'il a duré, Rome ne se laisse entraîner nulle part au loin. Elle demeure une ville concentrée sur elle-même et occupée dans son voisinage. Elle n'a nulle hâte, aucune prétention prématurée, aucun désir d'entreprises brillantes et extraordinaires. Ce n'est que lorsqu'elle est maîtresse autour d'elle, que sa force est bien assurée, qu'elle commence à entrer en lutte avec les grandes nations au loin. Mais, même alors, elle procède systématiquement, avec un étonnant esprit de suite. Elle concentre toute sa puissance, pendant de longues années, s'il le faut, à vaincre et à soumettre un ennemi, avant d'en attaquer un autre. C'est ce qui explique qu'elle ait réussi à la fin dans ce qui paraît d'abord une aventureuse entreprise, la domination du monde, mais qui n'a rien eu de téméraire et de risqué, si l'on veut considérer la manière lente et méthodique avec laquelle il a été procédé. Il faut, en effet, bien remarquer que c'est grâce à leur prudence foncière que les Romains ont pu survivre aux défaites momentanées, qui étaient inévitables, et qu'après avoir été, à diverses reprises, sur le point de succomber, ils ont en définitive toujours fini par vaincre et par réduire leurs vainqueurs d'un moment. Ils ont, après chaque défaite, quand ils étaient le plus en péril, pu se replier sur Rome et l'Italie, qui formaient déjà un centre de résistance inattaquable, ou, lorsque leur empire a été porté au loin et qu'ils ont voulu l'étendre encore au delà des limites tracées par la nature, ils ont pu revenir sur les terres conquises et devenues bien à eux, qu'ils venaient de quitter, mais qu'ils n'avaient pas laissées très loin derrière eux et où ils pouvaient retrouver leur point de résistance.

En contraste avec la méthode politique des Romains, il faut voir quel esprit aventureux et décousu les Gaulois ont montré dans leurs entreprises guerrières. Leur histoire nous est naturellement moins connue que celle des Romains. Elle ne nous est parvenue que par fragments. De grandes lacunes, de nombreuses incertitudes s'y rencontrent. On peut, malgré tout, en suivre assez bien les actions principales.

Sans vouloir entrer dans l'examen obscur des origines, et pour prendre la race celte ou gallique dans son ensemble, quelles que fussent d'ailleurs les divisions secondaires existant parmi elle, on la trouve en possession de la Gaule entière et du nord de l'Italie jusqu'à Bologne, au IVe siècle avant notre ère. Elle occupait, en outre, la grande île de la Bretagne et l'Irlande et avait poussé des rameaux jusqu'en Espagne et le long du Danube. Elle tenait donc, à cette époque reculée, d'immenses territoires. Elle jouissait d'une parfaite liberté d'action. Les Germains, au delà du Rhin, étaient errants, et Rome luttait encore obscurément, pour s'étendre dans son voisinage.

Les Gaulois du nord de l'Italie, ou Cisalpins, étaient divisés en peuples ou tribus, plus ou moins en lutte les uns contre les autres. Ils avaient surtout des guerres avec leurs voisins immédiats, les Étrusques, et dirigeaient constamment vers le sud, sur la côte de l'Adriatique, des expéditions ayant pour but la mise à rançon des villes grecques de cette partie de l'Italie, que le manque de vertus guerrières leur livrait comme une proie facile.

Les Gaulois cisalpins, en l'an 390, étaient venus attaquer la ville étrusque de Clusium, à laquelle ils demandaient des terres. Les habitants implorèrent le secours des Romains, qui leur envoyèrent trois ambassadeurs de la famille patricienne des Fabius, chargés de s'entremettre en leur faveur. Mais ces ambassadeurs ayant méconnu leur obligation de neutralité et ayant pris part à un combat contre les Gaulois, ceux-ci, indignés, laissèrent Clusium pour marcher sur Rome. Ils trouvèrent les Romains rangés en bataille, sur la rive gauche du Tibre, le long de la petite rivière de l'Allia. Ils les mirent dans une complète déroute et détruisirent presque entièrement leur armée. S'ils eussent marché sur Rome sans désemparer, elle tombait avec sa population et sa citadelle entre leurs mains, et il n'eût dépendu que d'eux d'anéantir la puissance romaine. Mais, selon la coutume qu'on leur voit après la victoire, contents avant tout du succès guerrier obtenu et ne poursuivant, hors du plaisir de combattre, que des buts accessoires, ils s'arrêtent sur le champ de bataille de l'Allia, pour dépouiller les morts et célébrer leur triomphe dans des orgies. Ils laissent ainsi aux débris de l'armée vaincue et aux habitants de Rome le temps d'aller chercher refuge au loin. Une élite de guerriers demeura cependant, pour la défendre, dans la forteresse qui dominait Rome, le Capitole. Les Gaulois, entrés dans la ville, la trouvèrent abandonnée. Ils massacrèrent un certain nombre de vieillards qui étaient restés et mirent le siège ou plutôt établirent le blocus autour du Capitole. Cependant la résistance se prolongea et, à la fin, manquant de ténacité, ils consentirent à se retirer, si on leur payait une rançon de mille livres d'or. Quand il fallut la peser, ils placèrent dans la balance de faux poids et, sur les remontrances des Romains, leur brenn prononça le fameux *Væ victis*, que ses descendants devaient bientôt voir se retourner contre eux. Les Gaulois se retirèrent donc, plus ou moins heureusement poursuivis par le dictateur Camille ; — les événements qui ont suivi le blocus du Capitole sont, en effet, restés très obscurs.

Cette expédition contre Rome, une des plus fameuses qu'aient accomplies les Gaulois, est le type des autres. Toutes ont un caractère commun; un courage bouillant qui brise les résistances et fait succomber les plus fiers ennemis, mais aucune poursuite systématique d'agrandissement territorial ou de fins politiques, l'orgie après le combat et, comme satisfaction suffisante de la victoire, une rançon pécuniaire et les gains du pillage. Les Romains avaient d'autres vues. Ils ne devaient jamais oublier les Gaulois et le péril extrême où ils s'étaient trouvés mis par leur fait. En prenant leur temps, ils allaient arriver à subjuguer ces terribles ennemis, qui avaient su si mal profiter de leur victoire.

Les Gaulois de la Gaule propre, au delà des Alpes, que les Romains appelaient Transalpine, vivaient séparés de ceux de l'Italie, mais leur caractère et leur conduite étaient identiques. Ils étaient divisés en peuples divers, en lutte perpétuelle. Les événements intérieurs de cette époque de la Gaule sont restés ignorés; cependant on découvre que certains peuples ou certaines confédérations de peuples prennent l'ascendant sur les autres, mais pour de courtes périodes, et sans qu'en définitive aucune puissance centrale ou aucune forme d'unité s'établisse d'une façon permanente.

En l'an 281 avant J.-C., les Volces Tectosages, habitant Toulouse et ses environs, se lancent dans une extraordinaire expédition. C'est même peut-être la plus aventureuse de toutes celles qu'ont accomplies les Gaulois, et il ne lui a manqué, pour rester constamment présente à la mémoire des hommes à l'égal de certains autres faits mémorables de l'histoire, que l'avantage d'avoir eu un poète ou un historien pour la raconter. En juxtaposant cependant les renseignements fournis par les écrivains grecs, on arrive assez bien à en suivre le cours.

Les Tectosages sont partis de leur pays de Toulouse pour aller, à l'autre versant de l'Europe, envahir la Macédoine et la Grèce et piller le temple de Delphes. On voudrait savoir comment ils ont été amenés à cette extraordinaire entreprise, si c'est progressivement, une fois en route, qu'ils ont été entraînés aussi loin, ou si la pensée de courir à l'extrémité de l'Europe leur est d'abord venue tout d'un coup. Mais les raisons de leur départ sont précisément restées ignorées. Les historiens de l'antiquité ont seulement supposé que c'était, ou pressée par un trop grand développement de population, ou à la suite de dissensions, qu'une partie du peuple avait dû s'éloigner du sol natal.

Les Tectosages partent donc de Toulouse, ils sortent de la Gaule et vont gagner la vallée du Danube, en traversant la Forêt hercynienne, maintenant la Forêt-Noire. Mais la forêt s'étendait sur un tout autre espace que celui qu'elle occupe aujourd'hui, et César, dans ses *Commentaires*, écrits plus de deux siècles après, la représente comme presque impénétrable. Les Tectosages la dépassent cependant et, arrivés au Danube, ils en descendent le cours. Là, ils trouvent d'autres Gaulois établis dans ces parages, ou même probablement aussi des Germains, dont ils se grossissent, et, s'avançant toujours, arrivent jusqu'à la Thrace, qu'ils envahissent.

Les historiens grecs disent qu'ils obéissaient à ce moment à un chef qu'ils nomment Brenn. C'est le même nom que les Romains ont donné au Gaulois qui les a vaincus à l'Allia. Ce nom de brenn n'est que l'appellation générique de chef dans la langue des Gaulois, et ainsi les vrais noms des deux brenn qui ont combattu Rome et la Macédoine sont restés inconnus. Le brenn qui dirigeait l'expédition entrée en Thrace est représenté, par les auteurs grecs, comme fertile en ressources, sachant plier à ses vues, par toutes sortes de ruses et d'artifices, les hommes sous sa direction.

Les Gaulois, après avoir traversé la Thrace,

entrent en Macédoine. Ils envoient dire au roi Ptolémée de leur payer une rançon en or, dont ils fixent le chiffre, s'il ne veut les voir s'emparer de son pays. Le successeur de Philippe et d'Alexandre trouve étrange qu'on ose lui faire une semblable demande ; il la repousse avec dédain et va rencontrer les Gaulois à la tête de l'armée macédonienne. Cette armée, fière de ses anciennes victoires, se maintenait disciplinée et elle combattait d'après une tactique savante. Au centre était la phalange, élément principal de la ligne de bataille. Les hommes serrés les uns contre les autres, sur quatorze rangs de profondeur, et armés de longues piques, dont celles du cinquième rang dépassaient encore de trois pieds les premiers, formaient un corps considéré comme invincible. Sur les ailes se tenaient les troupes légères, plus mobiles, et la cavalerie. Le roi Ptolémée livre une grande bataille rangée aux Gaulois, monté lui-même sur un éléphant. Il est tué, son armée est taillée en pièces, la phalange est détruite. Les Gaulois se répandent alors dans la Macédoine, qu'ils mettent à feu et à sang.

Cependant le brenn, soit qu'il ait subi de grandes pertes au combat, soit qu'il trouve ses forces trop faibles, pour maintenir la Thrace et la Macédoine vaincues et s'avancer en même temps sur la Grèce, retourne dans les pays au nord du Danube, qu'il avait quittés pour demander des renforts. Il a soin d'emmener avec lui un certain nombre de prisonniers macédoniens, choisis parmi les plus malingres, et les montre à travers le pays, en disant aux guerriers restés chez eux, pour les décider à le suivre, combien il leur sera facile de vaincre encore de telles gens aussi faibles. Il parvient à son but et retourne en Macédoine à la tête de nouvelles hordes, qui grossissent les premières arrivées. Une année à peu près s'était écoulée. Les Macédoniens, pendant ce temps, avaient reconstitué une armée sous les ordres d'un Grec, du nom de Callisthène. Ils livrent une nouvelle bataille aux Gaulois et sont encore une fois entièrement défaits. Callisthène lui aussi est tué. De la Macédoine les Gaulois passent en Thessalie, qu'ils mettent à sac à son tour. Ils marchent alors sur la Grèce propre.

L'approche de ce flot de barbares, portant avec lui la dévastation, remplit la Grèce d'une terrible angoisse. Les Grecs s'unirent donc et leur armée combinée vint attendre les envahisseurs aux Thermopyles, pour leur fermer le passage. Un long combat s'y engagea. Les Grecs, combattant sur un terrain resserré, appuyés d'un côté aux montagnes, de l'autre à la mer et à leur flotte, restèrent vainqueurs. Les Gaulois furent repoussés, après avoir subi de grandes pertes.

Cependant le brenn sut découvrir un sentier à travers les montagnes, pour tourner la position, et, favorisé par un épais brouillard, il eût détruit l'armée grecque, si la flotte, qui se trouvait à portée, ne l'eût recueillie et embarquée. Les Gaulois s'avancèrent après cela en Grèce et marchèrent sur Delphes, dans le dessein de piller le temple d'Apollon.

Les Grecs, inquiets de préserver leur sanctuaire national, vinrent représenter au brenn et aux Gaulois qu'ils s'exposaient au courroux d'Apollon, en cherchant à violer son temple, et que le dieu saurait se venger, d'une manière terrible, de l'affront qu'ils pourraient lui infliger. Le brenn répondit à leurs observations par des railleries et, pour étouffer les craintes superstitieuses que les Gaulois ressentaient malgré tout de la puissance du dieu, il leur dit que les statues colossales et les monuments de bronze que Delphes renfermait étaient en or massif et qu'ils offraient ainsi un butin immense à leur prise. Les Gaulois arrivent devant Delphes. Les villages voisins, qui servaient à héberger les pèlerins, regorgeaient de provisions de bouche, que les Grecs avaient eu soin de laisser en place. Les Gaulois, se livrant au pillage et aux orgies, qui semblent avoir été leur pratique constante dans leurs expéditions, se jetèrent sur les vins qu'ils trouvèrent, et ils étaient encore en proie aux fumées du vin, lorsqu'ils vinrent attaquer Delphes. La ville et son temple s'élevaient à mi-côte, aux flancs d'une montagne en amphithéâtre. Les Gaulois, montant à l'assaut du temple, situé en avant de la ville, engagèrent une lutte acharnée avec les Grecs. Ils finirent par l'emporter et, maîtres du temple, ils se mirent à le piller. Mais, à ce moment, un de ces orages violents, comme il en survient en Grèce, éclate. Le ciel s'obscurcit, la foudre tombe dans les entours du temple, au milieu des vainqueurs. Les éclats du tonnerre, répercutés par les rochers et les parois verticales de la montagne, étaient à Delphes d'une violence extrême. Au bruit qu'ils jugent extraordinaire, les Gaulois sont subitement frappés de terreur. Ils ne doutent point, comme les Grecs les avaient prévenus et comme eux-mêmes l'avaient au fond redouté, que ce ne soit le dieu Apollon qui intervienne lui-même, pour se venger et défendre son temple. Ils renoncent donc à pousser plus avant sur la ville de Delphes. Ils abandonnent le temple qu'ils ont pillé et reviennent en arrière camper dans la plaine. Au milieu de la nuit, l'esprit toujours troublé, ils sont saisis de panique et, se croyant attaqués par les Grecs, ils prennent les armes et se combattent entre eux. Alors, après les pertes subies, et démoralisés, ils tournent le dos à la

Grèce pour regagner le Danube, harcelés par le peuple entier des pays qu'ils avaient ravagés. Le brenn leur conseille de s'alléger, en se défaisant de leurs blessés, qu'ils massacrent. Lui-même. blessé, se tue. Enfin les Gaulois regagnent le Danube et là les différentes hordes, qui avaient formé la grande armée d'invasion, se séparent.

Les Volces Tectosages remontent la vallée du Danube, retraversent la Forêt hercynienne et la Gaule, et rentrent à Toulouse, trois ans après en être partis. Ils revenaient avec leur butin, mais tel était le souvenir qu'ils conservaient du courroux d'Apollon qu'ils n'osèrent garder leur part du trésor pillé à Delphes. Ils la consacrèrent, sans y toucher. dans un temple de leur ville, en y ajoutant même des dons supplémentaires comme expiation. Ce trésor resta ainsi respecté pendant plus d'un siècle, jusqu'au moment où les Romains s'en emparèrent.

Des Gaulois détachés de la grande expédition qui revenait de la Grèce et de la Macédoine, toujours avides d'aventures, s'en allèrent encore plus loin. Ils traversèrent l'Hellespont en l'an 278, et entrèrent dans l'Asie Mineure. Après y avoir longtemps mené une vie vagabonde de guerre et de pillage, ils s'établirent dans le pays appelé d'après eux la Galatie. Ils y créèrent un État, de mœurs mi-parti gauloises, mi-parti grecques, qui subsista jusqu'au jour où il fut absorbé par la conquête romaine.

On voit ainsi que l'activité guerrière des Gaulois, que leur exubérance d'audace se sont produites en pure perte. Il n'en est rien resté en définitive. Alors que l'action militaire de Rome s'exerce constamment pour des fins précises et marche méthodiquement, à travers les siècles, vers la création réussie d'un vaste empire, la dépense de force des Gaulois, tant sur eux-mêmes dans leurs luttes intestines, qu'à l'extérieur dans leurs expéditions aventureuses, n'obtient aucun effet et est comme une agitation perdue. Car c'est un étonnant spectacle, que des hommes qui avaient triomphé, de haute lutte, des légions romaines et de la phalange macédonienne, et vaincu ainsi les deux peuples conquérants de l'ancien monde, aient offert à la fin, par leur indiscipline, une proie certaine aux ennemis qu'ils avaient d'abord mis sur le bord de la ruine.

On pourrait peut-être prétendre que la différence de destinée entre Rome et la Gaule est venue d'une différence de culture, que c'est parce que Rome a atteint un degré supérieur de lumière qu'elle s'est montrée, à la fin, dominatrice. Mais ce ne serait là qu'une fallacieuse explication, et je ne vois du reste aucun auteur, parmi les anciens et les modernes, qui l'ait sérieusement avancée. La différence dans les résultats vient bien d'une dissemblance essentielle dans le caractère et le tempérament. Car si, après tout, au sens des Romains, les Gaulois étaient des barbares, c'est-à-dire s'ils étaient restés étrangers à la culture gréco-latine, ils avaient cependant une civilisation relative, ils n'étaient dépourvus ni de lois, ni d'organisation politique, ni même d'une certaine culture intellectuelle.

On a longuement disserté sur le degré de développement auquel la Gaule était parvenue, au moment où César est venu la conquérir. Nous n'avons pour nous éclairer, en l'occurrence, que les descriptions fragmentaires laissées par les Grecs et les Romains. Elles constituent des documents déjà insuffisants en eux-mêmes et, en outre, viciés par l'introduction de notions et de termes étrangers, employés pour désigner des phénomènes gaulois auxquels ils ne sauraient correspondre. La civilisation des Gaulois, restée mal connue, a donc pu être trop vantée par les uns et trop rabaissée par les autres. En cherchant à éviter à la fois l'excès d'éloge et le dénigrement, on doit penser que le degré qu'avaient atteint les Gaulois, tout en étant fort inférieur à celui de Rome et de la Grèce, n'était pas cependant, en lui-même, méprisable. Ils n'étaient pas nomades, comme les Germains le sont restés si longtemps; ils ont eu des villes dès la plus haute antiquité. A mesure qu'on s'approche des temps où ils entrent en contact avec les Romains, leur état social apparaît en progrès. Il y a alors, entre les hommes, des classes tranchées de nobles, de propriétaires, de colons ou de serfs attachés à la terre, qui ont dû demander, pour se constituer, des siècles de vie et de mouvements politiques. Ils ont aussi des collèges de druides, qui s'adonnent à des pratiques religieuses propres, qui paraissent même s'être élevés jusqu'à des conceptions philosophiques originales. Enfin, les anciens s'accordent à dire qu'ils aimaient fort à discourir, qu'ils se montraient avides de nouvelles, curieux d'histoires et de récits et qu'ils arrêtaient les marchands et les voyageurs pour les faire parler. Ce sont là autant de traits qui indiquent un état d'esprit déjà relativement développé et affiné.

Il faut donc penser que leur inhabileté à profiter de leur valeur guerrière pour asseoir des conquêtes, que leurs fluctuations intestines constantes, que l'instabilité dans laquelle ils se sont maintenus à travers les siècles, sans arriver jamais à un système supérieur de concentration, tenaient essentiellement à un défaut de caractère et venaient de la structure même de leur esprit. Mais ce qui prouve peut-être, par-dessus tout, que le manque de suite dans les idées, que l'absence de contrainte sur soi et de soumission formaient l'essence même de leur nature, c'est qu'on n'en voit pas seulement les conséquences dans l'ordre politique, mais encore et surtout dans leur manière de faire la guerre.

C'est là un fait surprenant, et qu'on se refuserait à admettre si l'évidence n'en était éclatante, que des hommes follement épris de la guerre, s'y adonnant comme à une perpétuelle occupation, n'aient, au cours des siècles, apporté aucun perfectionnement à leur manière primitive déchaînée de combattre, qu'au contact des Grecs et des Romains, contre lesquels ils ont lutté si longtemps, ils n'aient su s'approprier aucune partie de la tactique savante qui faisait la supériorité même de ces peuples et devait à la fin leur procurer la victoire sur tous les autres. Tels les Gaulois étaient indisciplinés aux temps les plus reculés où l'histoire les découvre, tels ils sont, jusqu'au jour où ils succombent devant Rome. Napoléon, dictant ses remarques sur les *Commentaires* de César, observe qu'on ne connaissait en Gaule « aucun art et aucune science militaire » et que, si la gloire de César n'était fondée que sur la conquête de ce pays, elle resterait problématique.

Toutes les chances de réussite des Gaulois sur le champ de bataille consistaient en leur premier élan désordonné et furieux. « Ils se précipitaient en masse sur l'ennemi, avec une impétuosité qui rappelait la rage des bêtes féroces », dit Amédée Thierry, d'après un auteur grec. Mais aussi, tout ennemi qui leur opposait une résistance immobile et qui pût être, dans le premier moment, brisée, était détruit. Ils ont, dans ces conditions, remporté leur victoire de l'Allia, qui a mis Rome sur les bords de la ruine. Ils ont, de la même manière, à deux reprises, dans l'expédition des Tectosages de Toulouse, vaincu les armées macédoniennes et défait la phalange. C'est pourquoi les Romains, qui eux aussi d'abord combattaient comme les Grecs, en ordre compact, ont, après le désastre de l'Allia, modifié leur tactique. Ils ont formé la légion, non plus sur une seule ligne, mais sur trois, à distance les unes des autres, de façon à s'engager successivement et, à partir de ce jour, les Gaulois n'ont jamais plus vaincu les Romains. Ils ont bien pu percer la première ligne, même entamer la deuxième, mais, leur furie initiale passée, leur élan désordonné affaibli, la troisième ligne romaine les a toujours repoussés.

Cent ans après leur victoire de l'Allia, les Gaulois cisalpins ont donc subi à Sentinum, en 295, une défaite terrible de la part des Romains. Ils éprouvent une dernière grande défaite, en 225, près du lac Télamon. A partir de ce moment, ils doivent subir la domination de Rome, et leur pays est graduellement soumis et incorporé par elle.

Rome commence alors à prendre pied au-delà des Alpes, dans la Gaule propre, alliée avec la ville de Marseille, une colonie grecque en lutte perpétuelle avec ses voisins gaulois. Rome forme, en l'an 125, une province où elle établit deux colonies, qui deviennent les villes d'Aix et de Narbonne. Les Romains implantés ainsi en Gaule sont attaqués en l'an 120 par Bituit, roi des Arvernes, dont l'histoire a transmis un singulier portrait et qui semble avoir personnifié toute la présomption et l'absence de science militaire propres aux Gaulois. Bituit s'avance contre les Romains, monté sur un char d'argent et suivi d'une meute d'énormes chiens, à la tête d'une grande multitude de guerriers. A la vue de la petite armée romaine, disposée en rangs pressés et tenant peu d'espace, il s'écrie : Mais il n'y en a pas là pour un repas de mes chiens ! Cependant les Romains, avec leur science et leur tactique supérieures, savent l'amener sur un champ de bataille où le terrain lui est défavorable et où il a une rivière à dos. Ils exterminent alors la presque totalité de son armée, lui prennent son char, le prennent lui-même bientôt après et l'envoient, chargé de chaînes, mourir à Rome.

Le sort de Bituit devait devenir celui de beaucoup d'autres chefs gaulois, lorsque César, en l'an 58 avant J.-C., entreprend de soumettre la Gaule entière. Les Romains avaient à ce moment porté leur système militaire à sa perfection. Les légions, parfaitement disciplinées et instruites, encore entièrement formées de Romains, unissaient l'esprit militaire au sentiment patriotique. Après les derniers perfectionnements inspirés par les longues guerres, elles se trouvaient divisées en cohortes et en centuries, sous les ordres d'officiers de carrière, et présentaient des corps à la fois souples et compacts, propres à toutes les nécessités de l'attaque et de la défense. Les Romains avaient en même temps adopté la pratique de fortifier leurs camps et perfectionné la science des retranchements et l'art des sièges. César devait finir par avoir sous ses ordres jusqu'à dix légions, formant une masse de 80.000 soldats. Une telle force et son génie devaient avoir raison de toute résistance, quelque courageuse qu'elle pût être. Après dix ans de lutte, la Gaule épuisée était définitivement soumise par Rome et ajoutée à son empire.

La Gaule et les Gaulois ont cessé d'exister à l'état indépendant. Ils ont perdu leur forme originelle. La main romaine va, pendant quatre siècles, peser sur eux, les latiniser et leur donner une empreinte, qui sera éternelle. Puis le christianisme leur apportera une foi nouvelle et des idées prises aux sources orientales. La conquête des Francs, après celle des Romains, établira encore sur la Gaule, pendant une nouvelle période de quatre siècles, une domination étrangère, qui introduira sa part de nouveautés. Cependant, quand, après mille ans, un peuple de nouveau indépendant, ayant son action propre et libre, apparaîtra sur le sol de la vieille Gaule, quand les Français enfin se seront développés, on leur retrouvera les traits essentiels de leurs premiers ancêtres. Par-dessous tout l'apport venu de la conquête romaine et de la conquête germaine, venu du christianisme et des progrès du temps, les instincts primordiaux auront persisté. Ils se montreront indestructibles et, à travers toute leur histoire, les Français rappelleront les Gaulois, par leur caractère mobile, irritable et impulsif et leur amour de la guerre portée pour ellemême à travers le monde.

II

LA CHUTE DE L'EMPIRE ROMAIN ET L'INVASION DES BARBARES

La chute de l'empire romain et l'invasion des Barbares ont marqué un grand changement dans la condition du monde et, par conséquent, sont des événements qui ont toujours arrêté les historiens. Ils les ont d'autant mieux mis à l'œuvre et tenus en haleine, qu'ils sont restés, pour une part, enveloppés de ténèbres et qu'on ne peut les élucider qu'avec une peine extrême. Il est des époques de l'histoire plus reculées, mais où les faits, étant moins complexes, se sont trouvés, pour nous, plus faciles à démêler.

La difficulté qu'on éprouve à embrasser avec netteté toutes les parties du sujet a fait qu'il est resté, en quelque sorte, ouvert. L'étude a pu ainsi en être constamment reprise sans s'ache-

2

ver. Outre les travaux d'ensemble, il y a eu comme des divisions et des provinces, où se sont cantonnées des générations de chercheurs et d'érudits. Les uns se sont consacrés plus spécialement à étudier l'état de la ville de Rome et de l'Italie latine à la fin de l'empire. D'autres ont recherché, surtout parmi les Français, quelles étaient les conditions de la Gaule pendant l'empire romain, puis au moment où les Barbares viennent s'y superposer aux Gallo-Romains; ils ont alors examiné le caractère spécial que le mélange de conquérants et de conquis donnait à une société nouvelle en formation. Les Allemands se sont surtout appliqués à connaître les peuples germains. Ils ont multiplié les recherches pour établir quelles étaient leurs coutumes, leurs lois et leurs mœurs et de quelle manière ils sont entrés et se sont implantés dans l'empire.

On doit penser, après des travaux si divers, poursuivis par de sûres méthodes, que l'étude des sources a donné à peu près tout ce qu'on pouvait attendre. Or, on est obligé de reconnaitre qu'il subsiste des points très obscurs et que, sur des périodes entières, on reste mal renseigné. Pour obtenir une vue d'ensemble sur la chute de l'empire romain et l'invasion des Barbares, il ne faudra donc point s'attacher aux seules parties définitivement éclaircies, il faudra aussi porter les regards, en les reconstituant par induction, sur celles que le manque de renseignements laisse douteuses. C'est ce mélange de fragments certains avec d'autres forcément conjecturaux qui rendra toujours l'étude de cette époque, en même temps que difficile, pleine d'attrait, mais qui aussi la tiendra, en partie, à jamais ouverte.

Nous allons essayer de jeter une vue sur la chute de l'empire romain et l'invasion des Barbares, telle que les résultats de la critique historique jusqu'à ce jour semblent permettre de la diriger.

∴

La chute de l'empire romain et l'invasion des Barbares sont des faits connexes et liés l'un à l'autre. Le jugement à porter pourra être d'ailleurs très différent, selon l'opinion que l'on se formera de l'empire romain, lorsqu'il est définitivement envahi. L'empire, à ce moment, constituait-il encore un organisme doué de force vitale, avait-il des éléments de durée et d'énergie en réserve, — alors l'invasion des Barbares a constitué une véritable catastrophe, un accident qui eût pu ne pas se produire, qu'on pourrait déplorer, où une forme de civilisation encore capable de porter des fruits aura été détruite violemment.

Au contraire, l'empire finissait-il réellement de vivre, affaissé sur lui-même, après avoir usé les éléments de grandeur que le latinisme antique comportait, — et alors l'invasion des Barbares aura constitué un phénomène lentement préparé, immanquable, que l'esprit doit envisager sans regret, où un organisme jeune se sera superposé à un autre épuisé, pour amener des combinaisons sociales nouvelles.

Je crois que les études accumulées sur la condition du monde romain au moment de l'invasion ne laissent plus de doute sur le fait qu'il était alors arrivé à la décrépitude. Tant qu'il a conservé sa vitalité, il a maintenu ou même attaqué les Barbares qui le touchaient. La possession d'un état de civilisation supérieur et d'un système militaire plus savant lui ont donné, pendant des siècles, l'avantage sur tous les peuples. C'est seulement lorsqu'il a été affaissé sur lui-même, lorsque les éléments de force militaire, financière et morale qu'il possédait se sont trouvés épuisés, que les Barbares ont pu y entrer.

Quand on parle de la chute de l'empire romain, il s'agit de la ruine d'un si vaste ensemble qu'il faut distinguer. L'empire ne s'est pas affaissé tout d'une pièce ; la mort n'est pas venue partout de la même manière. L'Orient a eu une survie, pendant que l'Occident périssait. La dislocation de l'ensemble en empire d'Orient et en empire d'Occident, la répartition de l'immense territoire conquis par Rome entre deux capitales, l'une la vieille Rome, l'autre la nouvelle Byzance, a été un des faits précurseurs de la chute.

Ce n'est pas que la séparation ait été dans la pensée de ceux qui ont fondé Byzance. Il n'y a pas eu d'abord, ni même plus tard, idée de partage. L'unité de l'empire a continué à dominer l'esprit, après que les deux empereurs étaient établis. Les deux empereurs, de pouvoir et de prestige égaux, n'étaient que la représentation, à face dualiste, de la puissance souveraine, conçue comme unique. Mais, quoi qu'il en fût de la théorie, la nécessité de s'organiser à part en Orient, qui avait amené la création de Byzance et l'instauration d'un second empereur, se faisait sentir en permanence et continuait dans ses effets. La division devient donc de plus en plus une réalité, jusqu'à ce que, en 395, définitivement accomplie, chaque empereur monopolise les ressources de la moitié qu'il gouverne, sans que l'autre ait rien à y prétendre. Au moment où le dualisme devient définitif, Rome et l'empire de l'Ouest étaient précisément sous le coup de l'invasion des Barbares. Et ainsi, alors qu'ils eussent eu besoin de toutes leurs ressources, la moitié de celles qu'ils avaient autrefois possédées leur était enlevée par l'empereur de Byzance, qui gardait pour lui, sans en rien prêter, les forces dont il disposait.

Cependant cette dislocation de l'empire précédant sa chute, cette création de Byzance, par quelle cause première ont-elles été amenées ? Évidemment, si le dualisme a fait place à l'unité, il en faut trouver la raison dans l'impuissance où Rome s'est vue de faire partout sentir, à l'Est comme à l'Ouest et jusqu'aux extrémités, son action dominatrice prépondérante. Tant que l'énergie romaine initiale, que la puissance du peuple romain, en république ou, ensuite, personnifiée dans un empereur, sont restées effectives, elles ont maintenu l'unité et se sont imposées à l'ensemble. Mais lorsqu'elles se sont affaiblies et ont été en voie de périr, cette partie de l'empire en Orient, la plus éloignée et la plus capable de vivre par elle-même, s'est détachée. Elle possédait un élément de culture propre, l'hellénisme, que Rome avait dominé sans l'éteindre, qui, les circonstances aidant, a repris son autonomie. Et, le besoin de se défendre contre les ennemis extérieurs, que Rome, au loin, ne pouvait plus contenir, se faisant sentir, il s'en est suivi la création d'une capitale et d'un empereur, si l'on peut dire, d'abord supplémentaires, puis de plus en plus détachés et enfin complètement séparés.

Lorsque l'empire de Byzance a définitivement sa vie distincte, il ne reste plus à Rome que l'Italie, la Gaule, l'Espagne et l'Afrique du Nord. C'est cette moitié de l'ancien grand empire, qui constitue maintenant le domaine entier de Rome, dont nous allons considérer la chute. Mais nous allons voir que la force centrale, devenue insuffisante pour s'imposer à la totalité du grand empire, va l'être aussi pour maintenir même l'empire réduit d'Occident. Elle ne pourra pas plus perpétuer sa loi sur le domaine réduit, qu'elle ne l'a pu sur le plus grand domaine. La cause primordiale de ruine et de chute pour l'empire doit ainsi être trouvée dans la disparition de la force romaine dominatrice, qui avait été l'agent premier de la conquête. La puissance mère, qui avait réuni les parties et les tenait ensemble, disparaissant, tout tombe en dissolution et la porte s'ouvre aux Barbares. Quand on étudie, en effet, la condition de la ville de Rome et de l'Italie au IVe siècle, au moment où l'empire périt, on constate que, depuis longtemps, il n'existe plus de peuple romain. Rome a encore ses habitants, elle est même peut-être aussi peuplée que jamais, mais elle ne contient plus véritablement des Romains. La race primitive a disparu. Le vieux peuple a été remplacé par un autre, différent dans ses éléments. — Il faut voir comment s'était opérée cette transformation.

Rome avait commencé obscurément. Elle était d'abord entrée en guerre avec les petits peuples qui la limitaient. Elle se les était assimilés, après les avoir vaincus. La tâche était d'ailleurs facile, car elle n'en était séparée par aucune différence de race ou de langue. Rome, grossie de ses voisins immédiats, avait étendu en Italie le cercle de la conquête. Elle avait engagé de longues guerres, surtout avec les Samnites, vers le Sud, un peuple belliqueux qu'elle n'avait soumis que difficilement. Elle s'était de nouveau assimilé les vaincus et déjà, pour s'en garantir la dépendance, elle avait planté au milieu d'eux des colonies de citoyens romains. Ce travail de conquête et d'absorption des éléments congénères sur le sol de l'Italie a demandé de longues années et a été, par sa réussite, le fondement de la grandeur romaine. C'est son achèvement qui a permis à Rome de survivre à l'attaque d'Annibal et des Carthaginois. Lorsqu'après la suprême défaite de Cannes, Rome se trouve près de la ruine, le peuple assimilé autour d'elle lui reste fidèle. Annibal victorieux s'avance dans un pays tout entier hostile ; les villes, sur sa route, demeurent fermées; parvenu devant Rome, il la trouve si bien défendue par ses habitants et protégée au loin par les voisins qu'elle a autrefois soumis et qui lui sont maintenant dévoués, qu'il doit se retirer. La force militaire de Rome ne s'était donc pas trouvée concentrée dans ses seuls habitants : elle s'était trouvée reporter aussi dans les provinciaux, les alliés et les colonies répandus autour d'elle.

Les habitants de la vieille Rome et de cette part de l'Italie assimilée ne connaissaient d'autre occupation que l'agriculture et la guerre. C'étaient réellement des soldats laboureurs, et le fait de Cincinnatus investi de la dictature au moment où il tient en main sa charrue indique quelle était alors la vraie condition des hommes. Ils vivaient pauvres ou du moins privés de luxe et de superflu. leur sol leur donnait tout juste la subsistance; il n'existait point de commerce d'échange avec les pays distants; il n'y avait non plus aucune industrie; les métiers se réduisaient à peu près à la mouture du blé, au tissage de la laine, pour le vêtement, et à la trempe du fer, pour obtenir des armes. Ces vieux Italiotes n'avaient, comme but d'ambition et comme emploi de leur activité, que la guerre. C'est cette population rude et primitive qui a formé ces armées romaines, qui ont d'abord conquis l'Italie, puis les terres méditerranéennes. Mais lorsque leurs armes les eurent rendus maîtres des pays les plus riches de l'ancien monde, une extraordinaire transformation s'est accomplie dans la manière de vivre de ces guerriers laboureurs. Ils ont quitté leurs charrues, ils ont abandonné leurs petits champs. Devenus possesseurs d'immenses territoires, ils les ont exploités et en ont tiré la substance, pour en jouir. Rome s'est alors remplie de patriciens, vivant dans la splendeur et dans une plénitude de jouissances et de plaisirs.

Rome, devenue la capitale et le centre du monde, a vu accourir les étrangers, qui s'y sont établis pour exercer toutes sortes d'arts et de professions. En s'y perpétuant, ils ont commencé à altérer le sang primitif. Un autre fait qui a eu une influence encore plus décisive pour métamorphoser la population et faire, d'une ville austère, une ville de luxe, de raffinement et de corruption, a été l'existence de l'esclavage. Les vieux Romains avaient quelques esclaves, qui les aidaient à cultiver leurs champs et qui leur servaient surtout à tourner les meules pour moudre le grain, ce qui semble avoir été le travail le plus pénible de l'antiquité. Mais lorsqu'ils sont devenus conquérants, les esclaves ont afflué parmi eux. Les esclaves constituaient le grand luxe, le signe de la domination patricienne. D'ailleurs, le travail des métiers, étant toujours resté à Rome chose méprisée, indigne de guerriers d'origine, est de plus en plus devenu fonction servile. Les hommes riches ont conséquemment accumulé les esclaves, non seulement pour le service de la domesticité, mais pour l'exercice des industries et des métiers dont ils avaient besoin et dont ils arrivaient, par surcroît, à tirer un gain, en en étendant la location ou la jouissance au public. Rome a donc pris des esclaves, pour tous les usages, à tous les pays. Comme en outre les lois de la guerre à cette époque permettaient d'extirper les vaincus, elle a réduit à son profit des populations entières en esclavage. César a capturé et vendu ainsi un million de Gaulois.

Alors ce n'est plus seulement pour les services urbains que les esclaves ont été recherchés, mais aussi pour la culture des champs et le travail de la glèbe. Lorsque Rome eut conquis les pays lointains, au courant qui a fait affluer chez elle un peuple d'étrangers et d'esclaves un autre s'est ajouté, en sens contraire, amenant les pauvres Romains de Rome et de l'Italie romanisée à se répandre au dehors. Ils allaient, à l'état de vainqueurs, se créer, dans les pays conquis, une vie supérieure à celle que le sol natal leur donnait. Rome n'avait que le choix des terres fortunées pour y planter ses colonies. Et comme son habitude était de faire une retraite aux soldats en leur donnant des terres, elle a ainsi longtemps essaimé au loin les soldats, que longtemps elle a pris dans son sein et autour d'elle. Elle réalisait le double avantage de fonder des colonies, qui lui assuraient la domination sur les vaincus, et de donner à la plèbe romaine un meilleur sort. Puis, lorsque l'empire est survenu, que le système de l'administration romaine hiérarchisée a été établi sur l'immensité des pays soumis, des Romains en grand nombre sont encore sortis de l'Italie pour se perdre dans l'empire, fonctionnaires de tout ordre, chefs militaires entraînant avec eux un peuple de légistes, de scribes, de licteurs. Si l'on veut bien penser que ce double courant, d'une part amenant à Rome les étrangers et les esclaves et d'autre part rejetant les Romains pour les répartir au loin, s'est poursuivi pendant quatre siècles, on comprendra que la population de Rome et de l'Italie se soit foncièrement modifiée et qu'à la fin il ne soit presque rien resté du sang latin primitif. Tacite constate que, déjà du temps de Néron, les fils d'esclaves pénétraient tous les rangs de la société romaine, que la plupart des chevaliers et beaucoup de sénateurs descendaient d'affranchis.

La disparition des vieux Romains allant se perdre dans l'empire s'explique d'autant mieux qu'ils n'étaient pas, après tout, fort nombreux. Rome n'avait point encore une très grande population, lorsqu'elle devient dominatrice, et le peuple assimilé ne s'étendait que sur une partie de l'Italie, le Centre. Dès qu'on avait dépassé Ravenne et le Rubicon, on tombait sur la plaine du Nord peuplée de Gaulois, et aussitôt qu'on avait touché au Sud le Volturne et la Campanie, on trouvait des populations amollies d'origine grecque. Autour de Rome, les parties de même sang qu'elle étaient donc en définitive assez restreintes, et il n'est pas étonnant qu'une population, qui comptait à peine quelques millions d'hommes, ayant conquis à peu près tout le monde alors connu et allant le coloniser, l'administrer et l'exploiter, s'y soit fondue et engloutie. Toujours est-il qu'en avançant dans l'histoire de l'empire romain on constate que la force dominatrice qui existait à Rome et au Centre de l'Italie s'affaiblit sans cesse et enfin disparaît. Il n'y a plus de soldats romains, plus de peuple romain. Rome ne contient plus qu'une plèbe d'origine mélangée, que des esclaves, des affranchis et, au sommet, des hommes riches qui maintiennent encore les classes des chevaliers et des sénateurs, mais étiolées et à l'état superflu. La campagne autour de Rome et au Centre de l'Italie, qui avait autrefois porté un peuple de guerriers laboureurs et d'hommes libres, l'a vu disparaître; elle est abandonnée aux esclaves. A la petite propriété a succédé la grande. Ce changement datait de loin, puisqu'il était en opération dès le temps des Gracques. Un fait qui l'a rendu définitif a été la coutume qu'a prise Rome, maîtresse des plus riches terres de la Méditerranée, d'y puiser sa subsistance. Quand elle s'est approprié les blés de l'Égypte et de la Sicile pour les distribuer à ses habitants, l'agriculture de l'Italie s'est trouvée ruinée, la concurrence avec les pays plus fertiles lui est devenue impossible. La petite culture a définitivement cédé le pas à l'exploitation de domaines de plus en plus vastes, abandonnés en partie à la pâture.

On comprend ainsi pourquoi la partie de l'empire rattachée à Byzance a survécu mille ans à celle qui a continué d'obéir à Rome. Rome était une ville mal située pour se défendre par elle-même, et qui ne possédait aucune source de richesse propre. Sa grandeur lui venait exclusivement de ses conquêtes, des terres qu'elle avait soumises et qu'elle exploitait. Et en effet, aussitôt que l'empire sera envahi, qu'il ne pourra plus soutenir sa capitale, elle s'affaissera. Rome, qui au moment de sa splendeur, avait compté environ un demi-million d'habitants, était déjà réduite, selon Gregorovius, à trois cent mille, au moment où elle va subir un premier siège de la part d'Alaric et des Wisigoths, en 408. Elle se dépeuplera ensuite presque complètement, de chute en chute, si bien qu'à certains moments du moyen âge elle ne sera plus qu'une ville en ruines.

Si Byzance s'est maintenue, c'est qu'au contraire sa situation sur une mer fermée lui donnait une force défensive que Rome n'avait pas, et qu'en outre elle a pu développer des éléments de richesse que Rome non plus ne possédait pas. Byzance, sous la fiction de continuer l'empire romain et sous un vernis de latinité d'abord persistant, a eu, comme principe de vie, l'hellénisme dont elle est devenue le centre et qui lui a dû un nouvel épanouissement. Les Grecs étaient navigateurs, commerçants, industriels, toutes qualités qui manquaient aux Latins, exclusivement adonnés à la guerre, à l'administration et à la domination par les armes. Les Grecs ont eu vite fait de Byzance le point d'échange entre l'Orient et les contrées de l'Occident. La ville est devenue, sous leur impulsion, le grand centre commercial du moyen âge, par ses propres efforts et par les comptoirs que les autres peuples navigateurs y ont établis. En contraste avec le renouveau de vie de Byzance, la Rome impériale au IVe siècle montre un état de civilisation et une forme gouvernementale dont la vitalité s'éteint.

La souveraineté d'un chef militaire, d'un empereur, avait prévalu, par la force des choses. dans l'État romain. L'organisme républicain vicié s'était finalement trouvé impropre à régir un empire étendu à d'immenses territoires. Les derniers temps de la république avaient vu l'exploitation éhontée des provinces par les proconsuls; la guerre civile était devenue une maladie chronique; c'était à qui des généraux s'emparerait du pouvoir par la violence. Il est donc certain que l'établissement de l'empire, en amenant la paix civile et en assurant le contrôle d'un chef suprême sur les généraux et les fonctionnaires, a dû d'abord être ressenti comme un changement heureux, surtout par les provinciaux. Mais l'empire, sous le bienfait momentané de l'ordre assuré, entraînait, comme cause de ruine, l'absence totale de vie politique, il privait de toute participation au gouvernement, non seulement le peuple, mais les sénateurs, qui avaient créé la grandeur de Rome. Le despotisme impérial amène par degrés l'engourdissement de toute activité, non seulement politique, mais sociale et intellectuelle; sous son influence disparaissent les grandes idées patriotiques et les mobiles d'action élevés. On voit, en effet, qu'à la fin tous les éléments de vie supérieure ont disparu du monde romain. L'atrophie politique s'est faite d'abord, puis la décadence, sous toutes les formes, est apparue.

Rome au IVe siècle était donc devenue une ville, où la population ne rappelait en rien la race guerrière et énergique des origines. Elle ne possédait plus aucune puissance militaire propre, pour continuer à s'imposer au loin. Elle subsistait à l'état purement parasitaire. Son sort ne dépendait donc plus d'elle-même, mais de la puissance que pouvaient conserver, pour la lui prêter, les pays qui formaient encore son empire. Et après avoir vu comment la création de Byzance lui avait enlevé d'abord la moitié de ses forces, il faut voir comment la ruine de la Gaule, qui avait formé la partie la plus riche de l'empire, devait amener sa perte définitive en la livrant, dans l'état de faiblesse où elle était tombée, à l'invasion certaine des Barbares.

∴

César n'était parvenu à réduire la Gaule qu'après dix ans de guerre. Pour lui faire accepter définitivement le joug romain, il avait dû exterminer sur les champs de bataille une partie des hommes valides et en vendre une autre partie comme esclaves. La conquête, poursuivie par de tels moyens, a été irrévocable. Les Gaulois n'ont qu'une seule fois, avec Civilis, tenté une véritable révolte facilement comprimée. La Gaule se repeuplant est devenue de plus en plus semblable à ses conquérants ; elle a pris leur langue, leurs mœurs, leur culture, en perdant les siens, et, au IIe siècle de l'ère chrétienne, tout laisse croire que ses hautes classes ressemblaient autant aux Romains de Rome que des provinciaux peuvent ressembler aux habitants d'une capitale.

On a si peu de notions sur le développement qu'avait atteint l'ancienne Gaule, sa condition sociale et économique est restée si obscure, qu'on ne peut que soupçonner la transformation qu'elle a d'abord subie, du fait de la conquête romaine. Cependant il paraît évident que la paix que Rome a fait régner sur des territoires autrefois divisés entre des peuples en guerre les uns contre les autres, que les avantages matériels qu'elle a procurés par la création de routes, de monuments, d'écoles, par l'initiation à une agriculture plus développée, ont dû amener un véritable essor et élever d'abord, au point de vue de la richesse, la Gaule romaine fort au-dessus de la Gaule gauloise. L'empire, survenant, établit son système d'administration hiérarchisée en Gaule comme ailleurs. L'administration impériale, en assurant une bonne police, une gestion des affaires publiques régulière, une justice rendue selon le droit romain, en maintenant sur les fonctionnaires un contrôle sérieux, n'a pas pu manquer non plus de procurer de réels avantages. Toujours est-il que, pendant les deux premiers siècles de la domination romaine, la Gaule a joui d'une grande prospérité. Elle a été à ce moment une des régions les plus riches de l'empire, et les contributions qu'elle payait fournissaient à Rome la part peut-être la plus considérable de ses revenus.

Cependant l'administration romaine a fini par devenir un mécanisme s'appliquant avant tout à prélever le plus d'impôts possible. Le fonctionnement de ce que l'on pourrait appeler l'exploitation financière romaine reposait sur les villes. La ville, la cité, était le centre où se concentrait l'action du fisc. Le pays rural était rattaché partout à une ville. Dans les villes existait une classe supérieure dite des sénateurs, composée des hauts fonctionnaires romains et des membres de ces familles nobles ayant traditionnellement possédé de vastes domaines ou exercé de grandes charges. Ceux-là, du reste peu nombreux, étaient privilégiés, exemptés en partie du paiement des impôts ou du moins de certains impôts municipaux. Puis venaient, au bas de l'échelle sociale, dans les campagnes, la masse des esclaves et des colons attachés à la glèbe ; dans les villes, les esclaves domestiques, les affranchis, les gens adonnés aux métiers et au négoce et les pauvres. Les hommes de ces catégories étaient naturellement de beaucoup les plus nombreux. Entre les sénateurs privilégiés et la plèbe des villes et des campagnes, existait une troisième classe intermédiaire, dont les membres s'appelaient les curiales, qui formaient une sorte de bourgeoisie ou de classe moyenne. Les curiales étaient des propriétaires ; était curiale tout homme possédant 25 arpents de terre. A une époque où la richesse demeurait presque exclusivement agricole, où l'exercice de l'agriculture était considéré comme seul digne de l'homme libre, les poursuites commerciales et industrielles demeurant occupations inférieures, les curiales propriétaires formaient dans la cité la classe dirigeante ; à ce titre, ils étaient chargés d'en gérer les affaires et d'en soigner les intérêts. Le conseil de la cité et les magistrats municipaux se recrutaient donc parmi eux. Mais alors l'administration romaine, laissant en dehors la classe des sénateurs privilégiés peu nombreuse, avait posé la main sur les curiales et les avait chargés de la répartition et de la levée des impôts, les rendant responsables de leur rentrée.

Tant que la Gaule s'est trouvée prospère, qu'elle a pu s'acquitter sans effort, le rôle des curiales se réduisait à celui de faciles collecteurs. Mais après la prospérité réelle des deux premiers siècles, est venue, aux IIIe et IVe siècles, une période d'appauvrissement. Le manque de documents ne permet pas de se rendre bien compte des causes de ce changement, mais qu'il se soit produit est certain. Il est vraisemblable que le fisc romain, en prélevant sans cesse pour des dépenses à effectuer au loin, c'est-à-dire en prenant toujours sans rien donner, a graduellement tari les sources de la richesse. Puis l'ordre, que la domination d'un empereur unique avait d'abord fait régner dans le monde romain, a été remplacé au IVe siècle par une nouvelle et véritable anarchie. Pendant cinquante ans, les empereurs se succèdent, se combattent, s'égorgent les uns les autres, chaque armée, chaque région ayant son candidat à l'empire, et les empereurs éphémères, pour se soutenir et s'assurer les soldats, pressurant sans mesure les populations. Une souffrance générale s'en est suivie, et il y a dans les campagnes de la Gaule, au IVe siècle, des insurrections de paysans et d'esclaves que les armées romaines doivent exterminer. Dans ces temps de désordre et de ruine, la condition des curiales est devenue affreuse. Responsables de la rentrée des impôts, ils ont dû prendre sur leur substance les contributions que le pays ne pouvait plus payer ; aussi les voit-on progressivement, pressurés, ruinés, expropriés, disparaître. Ils formaient la classe moyenne, et leur destruction a ôté à la société gauloise ses éléments de force vitale et de renouveau, car, après eux, il n'est plus resté qu'un petit nombre de sénateurs ou de nobles et, par dessous, une populace et des esclaves.

Le fisc romain a donc fini par ruiner la Gaule, par plonger le peuple dans la misère. On pensera qu'un pays opprimé de la sorte par un empereur, au loin, s'en est désaffectionné. Il est même supposable que les troubles et les invasions, quelque ruineux qu'ils puissent nous sembler, n'étaient point vus d'un mauvais œil par la masse du peuple, qui se sentait ainsi délivrée des exigences du fisc romain. D'ailleurs, si on voulait parler de la Gaule à la fin du IVe siècle comme d'un ensemble capable de pensées et de résolutions communes, on ne pourrait être que dans l'erreur. Les quatre siècles de domination romaine avaient éteint chez les Gallo-Romains tout sentiment de patrie propre. Les sénateurs, les nobles, les hommes libres étaient devenus citoyens romains, mais ils restaient perdus dans l'unité de l'empire et ne possédaient point de droits particuliers, en tant qu'habitants de la Gaule. L'administration romaine avait tenu le pays réparti dans ses cadres, sans lui laisser de conscience d'ensemble. La Gaule n'avait eu aucune capitale propre, qui eût pu devenir un foyer de vie nationale ; elle n'avait connu qu'un centre administratif, — pour le meilleur exercice de l'administration romaine, — successivement fixé à Lyon, à Trèves et à Arles. Ensuite le territoire avait été réellement fractionné, chaque cité avait vécu concentrée sur elle-même. Aussi, quand les Barbares surviennent, n'y a-t-il aucune conduite uniforme à leur égard, dictée par un sentiment national général. Mais, à mesure que la domination romaine s'amoindrit, que la direction des fonctionnaires romains cesse, voit-on chaque cité prendre conseil d'elle-même et s'accommoder, au mieux des circonstances, avec les envahisseurs.

Un fait qui montre bien le manque de toute vie distincte en Gaule sous les Romains est l'absence de toute littérature propre. Il ne nous est venu de ces temps aucune production originale. La Gaule possédait des écoles, où l'on enseignait la grammaire, où l'on s'exerçait à la rhétorique et à la poésie, mais les modèles étaient à Rome et il ne s'est rien écrit, pendant les quatre siècles de la domination romaine, qui nous ait transmis la manifestation de sentiments nés sur le sol. Pour trouver en Gaule des œuvres littéraires d'éclosion spontanée, il faut descendre jusqu'aux ve et vi^e^ siècles, alors que les Barbares sont entrés, que l'administration romaine a disparu, que l'initiative locale a repris, et nous avons alors les œuvres de Sidoine Apollinaire et de Grégoire de Tours.

On arrive ainsi à reconnaître qu'à la fin du IVe siècle la même caducité existait au sein de l'empire romain, en Italie et en Gaule. Rome et l'Italie ne disposaient plus de force propre pour maintenir ensemble les différentes parties de l'empire, et la Gaule, pays frontière, ne possédait elle-même aucun élément de résistance qu'elle pût prêter ou s'appliquer pour contenir les Barbares. Les quatre siècles de gouvernement absolu et de léthargie politique de l'empire avaient donc si bien éteint toutes les sources d'énergie que l'Italie et la Gaule, qui avaient autrefois renfermé les hommes les plus belliqueux de l'ancien monde, ne contenaient plus maintenant que des populations inertes, incapables de se défendre.

*
* *

Nous venons de voir quel était l'état de Rome et de la Gaule au IVe siècle. Voyons maintenant quel était celui des Barbares.

Les Romains donnaient le nom général de Barbares à tous les hommes hors de leur empire. Ils l'appliquaient ainsi à des peuples très divers par la race, la langue, la culture et la religion. Ils considéraient en somme leur empire comme formant le monde même, comme coexistant avec toute dignité et tout ordre policé et ils tenaient indistinctement toutes les formes humaines au delà pour grossières et rudimentaires.

Les Barbares qui devaient envahir l'empire étaient les Germains. Les Romains restèrent longtemps sans les connaître. Ils en étaient séparés par les Gaulois encore indépendants. Ce n'est que lorsqu'ils eurent englobé les Gaulois du Nord de l'Italie et pris pied dans la Gaule même, en y créant une province, qu'ils se mesurèrent une première fois avec des Germains. En l'an 113 avant J.-C., les Cimbres et les Teutons, ayant franchi le Rhin et traversé la Gaule, sont parvenus au Sud, le long du Rhône, jusque dans la province romaine. Ils ont successivement détruit cinq armées romaines. Ils les avaient remplies d'effroi par leur aspect étrange et leur manière de combattre jusqu'alors inconnue. Ils poussaient, sous les armes, des cris épouvantables; leurs femmes les excitaient, et les frappaient s'ils reculaient; vaincus, ils s'égorgeaient les uns les autres et tuaient les femmes et les enfants, pour leur éviter l'esclavage. Même en admettant une certaine exagération de la part des écrivains qui nous les ont dépeints, il faut penser que ces premiers Germains, venus du Jutland, n'ayant encore eu aucun contact avec la civilisation romaine, devaient être effrayants dans leur combativité déchaînée. Marius les extermina.

Les Romains ne retrouvèrent les Germains que lorsque, ayant conquis la Gaule, ils arrivèrent au Rhin. Ils furent naturellement tentés de passer le fleuve, pour soumettre à son tour la Germanie, mais ils devaient échouer dans toutes leurs tentatives. César, le premier, franchit le Rhin; il trouve au delà un pays sans villes, dont les habitants lui échappent dans les solitudes et, après être resté dix-neuf jours sur le sol de la Germanie, déçu, il rentre en Gaule. Sous Auguste, Varus essaya plus sérieusement de soumettre le pays. Il y pénétra avec trois légions et s'avança jusqu'au Weser. Il périt exterminé, avec son armée, par les Germains. Ce désastre consterna les Romains. Ils reconnurent l'inutilité de leurs entreprises pour conquérir la Germanie. Ils y renoncèrent donc à partir de ce moment, et ne tentèrent plus que quelques expéditions de courte durée, au delà du Rhin, pour poursuivre ou frapper les Barbares les plus rapprochés.

Les Romains établirent à poste fixe leurs légions le long du Rhin, de manière à en défendre le passage. Cet arrangement dura près de quatre siècles. Pendant ce temps, Romains et Germains demeurent en contact, séparés seulement par le fleuve; ils apprennent à se connaître, des rapports s'établissent entre eux, les villes du Rhin deviennent des points d'échange. On voit donc les premiers sentiments d'effroi et de répulsion faire place à d'autres. César ne parle déjà plus des Germains comme d'hommes purement féroces; il leur découvre certaines vertus. Tacite, cent ans plus tard, les juge encore mieux; il leur reconnaît de grandes qualités morales. Du reste, Romains et Germains se rapprochaient. A mesure que l'empire décline, que ses populations étiolées ne peuvent plus le défendre, il en vient à emprunter la force des Barbares et à recruter ses soldats parmi eux. Les Germains deviendront donc de plus en plus nombreux dans les armées romaines. Leurs chefs y tiendront de hauts grades et recevront des titres honorifiques.

Rome s'affaiblit toujours; sa force militaire, même recrutée de Germains, devient insuffisante pour garder le Rhin. Elle fait alors un pas de plus; elle traite avec les Germains, pour qu'ils en prennent eux-mêmes la défense. Elle laissera sur le fleuve, à la place de ses légions disparues ou affaiblies, ces tribus ou ces peuplades qui s'y sont avancées, leur demandant seulement d'interdire le passage aux autres Germains plus au loin. Les Francs avaient envahi la Belgique, au nord de la Gaule, et s'étaient établis sur le cours de la Meuse inférieure. Le César Julien, marchant contre eux vers 355, les trouva si bien maîtres du pays, qu'au lieu d'essayer de les en chasser, il s'arrangea avec eux pour leur en remettre la garde.

On peut donc faire remonter au milieu du IVe siècle le commencement de ces invasions, à la faveur desquelles les Germains s'établissent en Gaule d'une manière fixe. La combinaison à laquelle Julien s'était arrêté, d'accepter le long du Rhin une part des Germains, pour qu'ils opposassent une barrière aux autres plus au loin, n'était point, après tout, si mauvaise, car, lorsque, vers 406, la grande invasion, poussée du fond de la Germanie, croit-on, par les Huns, se dispose à passer le Rhin, les Francs alliés des Romains cherchèrent à l'arrêter. Ils livrèrent bataille, d'abord avec succès; mais le flot était réellement trop puissant pour être contenu, et les Suèves, les Vandales, les Alains, puis les Burgondes et les Wisigoths pénétrèrent, de 406 à 413, en Gaule pour s'y établir ou, la dépassant, s'en allèrent jusqu'en Espagne et en Afrique. L'invasion commencée au milieu du IVe siècle, d'abord sous forme d'infiltration et restreinte aux terres de l'extrême frontière, s'étend donc au Ve siècle à l'intérieur de l'empire. Au même moment, en 408, Rome, assiégée par Alaric, voit, pour la première fois, les Barbares sous ses murs.

Les Barbares sont maintenant dans l'empire. Cependant il n'est pas encore détruit. Il subsiste toujours. Il y aura un empereur d'Occident jusqu'en 476. Même après qu'il n'y aura plus d'empereur, l'idée de l'empire se maintiendra. Elle restera indéracinable. Elle sera reprise par Charlemagne, qui rétablira l'empire sous une forme modifiée et au fond caduque, mais qui cependant traversera tout le moyen âge et viendra jusqu'à nos jours. C'est que l'empire romain, dans la conception des hommes de l'antiquité et du haut moyen âge, était bien le monde même. Il donnait, avec son empereur au sommet et sa hiérarchie administrative au-dessous, la forme politique qui représentait l'idée d'autorité, de gouvernement régulier, qui correspondait à la notion même de culture et de mœurs policées. On ne voyait hors de lui que des formes barbares, que des puissances rudimentaires ou des éléments désordonnés. La conception de l'omnipotence de l'empire et de la majesté de l'empereur, persistant malgré la décrépitude interne, il faut bien se représenter que les Barbares ne sont point entrés dans l'empire avec l'idée préconçue de le détruire. Ils n'y ont pas pénétré en dominateurs, ayant la volonté arrêtée de mettre fin à sa primauté et de s'y substituer. Ces prétentions exaltées eussent été trop élevées pour entrer dans le cercle de leur vision. Elles ne pouvaient venir à des réunions de guerriers comme eux, formées pour la simple attaque.

Les Barbares qui ont envahi l'empire étaient le surplus de la population que le sol pauvre et alors à peine cultivé de la Germanie ne pouvait nourrir, ou bien c'étaient des peuples entiers encore nomades, que d'autres, par derrière, plus puissants, poussaient en avant. Voyant au-delà du Rhin les terres fortunées de la Gaule et de l'Italie, ils ambitionnent de s'y établir, et lorsque la pression des autres, plus au loin, se fait sentir, que la barrière que leur opposaient les légions romaines se trouve enfin ouverte, ils franchissent le Rhin et entrent en effet dans l'empire. Mais, en voulant y rester et s'y faire une place, ils se contentent d'abord d'une place restreinte, d'une situation subordonnée. Ce n'est que plus tard qu'ils se sentiront maîtres; l'idée de l'autorité souveraine ne leur viendra qu'avec le temps : elle sera développée par les circonstances. Tout ce qu'ils demandent au premier moment, c'est d'obtenir des terres, de pouvoir jouir d'une part du sol; alors ils se considèrent comme placés dans l'empire sous sa suprématie qui persiste, ils reconnaissent tenir ce qu'ils possèdent de la munificence impériale. C'est ainsi que s'est effectuée la première occupation du Nord de la Gaule par les Francs, d'accord avec Julien; c'est ainsi que s'est effectuée la prise de possession du territoire entre la Saône, le Rhône et le lac Léman par les Burgondes.

Longtemps après que les Barbares y sont entrés, la Gaule demeure dans un état mal défini : une partie est occupée par eux, se reconnaissant plus ou moins les obligés des Romains; l'autre continue à être sous le gouvernement direct de généraux ou d'administrateurs romains. Au milieu du ve siècle, alors que les Francs occupent depuis longtemps déjà le Nord de la Gaule, que les Burgondes et les Wisigoths sont implantés à l'Est et au Sud, les Romains conservent la Provence; et, au Centre, entre la Loire et la Garonne, Ægidius, un de leurs généraux, tient toujours le pays. Les Goths, en Italie, respectent longtemps la forme impériale; ce n'est qu'en 476 qu'ils donneront au territoire qu'ils occupent le titre de royaume.

Il ne faudrait donc point se représenter l'invasion comme un torrent qui renverserait et détruirait tout sur son passage. L'entrée et l'établissement des Barbares dans l'empire se sont accomplis progressivement, par une succession d'actes gradués, qui ont demandé un long temps et n'ont point eu le caractère de surprise. Les nouveaux venus, en se faisant leur place et en s'imposant aux anciens habitants, se sont certes livrés à des ravages, à des massacres et à des dépossessions, mais en définitive la coutume d'opprimer les vaincus ne leur était pas alors particulière : les Romains montraient pour leur part une égale cruauté. Et, quand les Barbares survinrent, ils durent paraître n'exercer que les droits et les privilèges de la victoire, tels que les comprenaient alors tous les hommes.

Il convient, d'ailleurs, de distinguer. Si certains peuples sortis immédiatement de la Germanie, les Vandales, les Lombards, ont montré la férocité des primitifs Germains, d'autres, comme les Francs, les Burgondes, longtemps les voisins de l'empire, avaient pris des mœurs plus douces et ils se sont assez paisiblement établis sur leurs terres. Il faut encore se représenter que les Barbares étaient après tout peu nombreux, que si, réunis, ils se trouvaient capables de briser la résistance des derniers soldats romains et de faire tomber les villes, une fois maîtres du pays et devant s'y répandre pour l'occuper, ils se sentaient fort affaiblis et comme noyés au milieu de la vieille population. C'est pourquoi ils paraissent s'être assez vite arrangés pour vivre avec elle, sans trop l'opprimer. Ils ont pris des terres, ils ont dépouillé d'anciens possesseurs ; mais il n'y a pas eu spoliation générale; on voit des Gallo-

Romains rester très riches et très influents sous les Francs.

Les Barbares, d'une culture rudimentaire, ne prétendaient nullement imposer leurs lois et leurs mœurs aux Romains; c'est eux, au contraire, qui ont fini par s'adapter à la civilisation supérieure des envahis. Il n'y a donc pas eu cette oppression terrible du conquérant qui façonne le vaincu à son image, tel que le cas s'était produit lorsque César avait réduit la Gaule. Enfin, les Germains s'établirent surtout dans les campagnes et vécurent sur leurs domaines, isolés ou en petits groupes, loin des villes, qu'ils laissèrent se régir selon leurs anciennes coutumes. Par là leur domination n'a pas dû être ressentie comme amenant un changement total et soudain. Toujours est-il que le contact entre la masse du peuple envahi et les envahisseurs a vite amené une forme complexe de société mélangée, où il ne paraît pas que l'ancien peuple ait vraiment regretté le régime antérieur, car on ne voit pas de ces résistances prolongées et de ces révoltes, qui accompagnent les conquêtes totales et les substitutions complètes de peuple à peuple.

Il est en outre un fait qui a contribué plus que tout autre à faire accepter le nouvel état de choses aux anciens habitants, c'est que les Barbares entrés dans l'empire y ont pris la religion établie, le christianisme. Leur conversion leur a rendu favorables les évêques de l'Église chrétienne, devenus les réels conducteurs de l'ancienne population après la disparition de la hiérarchie administrative romaine. Les Barbares, en se faisant chrétiens, ont trouvé dans les évêques des dispositions bienveillantes, et il s'est vite établi, entre les chefs barbares et les évêques, un accord qui leur a servi réciproquement à s'agrandir.

*
* *

Le christianisme s'était implanté dans l'empire romain comme un antagoniste. Les primitifs chrétiens, il est vrai, recrutés parmi les derniers du peuple, vivant dans une sorte d'illuminisme, à l'écart de toute action pratique, semblaient les hommes les plus inoffensifs du monde. Mais ce sont précisément leurs idées de renoncement aux choses terrestres qui, à mesure qu'ils s'accrurent, les rendirent si pernicieux pour le vieil ordre romain. Ils se refusaient à toute participation aux actes de l'ancien culte polythéiste, qui formaient comme le fondement de la vie antique et auxquels tous les citoyens devaient leur présence. Ils avaient horreur de la guerre, ils réprouvaient les châtiments sanglants, les jeux du cirque et sapaient les idées de hiérarchie et de distinctions de rang sur lesquelles reposait la société romaine. Les empereurs, sentant les chrétiens se développer d'une manière funeste pour eux, voulurent les extirper par la persécution et les supplices. Les chrétiens résistèrent et ne firent que s'accroître. Enfin, après trois siècles de propagande, ils devinrent tellement nombreux, en face du vieux culte réduit, que le gouvernement et l'empereur passèrent de leur côté. Les Barbares qui entrèrent dans l'empire y trouvèrent donc le christianisme reconnu comme religion d'État et étendant déjà son influence à l'ordre civil.

Lorsque les empereurs eurent concédé aux villes de la Gaule pressurées l'élection d'un défenseur, qui eut pour mission légalement reconnue de soutenir leurs droits auprès des fonctionnaires romains, les villes choisirent presque partout l'évêque chrétien établi dans leur sein pour tenir le poste. Les chrétiens, devenus les plus nombreux et maîtres des villes, lorsqu'on leur accordait certains privilèges, trouvaient que la meilleure manière de les faire valoir était d'en remettre la garde à ceux qui avaient été leurs guides au jour de la faiblesse et des persécutions. Mais si les évêques exerçaient déjà une action publique dans l'empire alors que l'administration romaine était intacte leur rôle s'agrandit tout à coup lorsqu'elle eut été détruite, après l'entrée des Barbares. Les évêques, à la tête de la hiérarchie chrétienne, représentèrent le seul organisme subsistant de la vieille société. Ils devinrent donc à la fois précieux pour l'ancien peuple et les Barbares. Dans le système nouveau qui suit l'invasion, où les envahis et les envahisseurs mènent côte à côte une vie séparée, les évêques devinrent de plus en plus les chefs des chrétiens et furent reconnus comme tels par les Barbares, qui avaient besoin d'intermédiaires pour régir l'ancien peuple, dont ils ne partageaient ni la langue ni les lois.

Cependant la plupart des Barbares entrés dans l'empire, les Vandales, les Burgondes, les Goths. étaient arrivés chrétiens, mais apportant avec eux l'hérésie d'Arius, qui s'était développée et avait pensé dominer dans l'empire d'Orient. Les chrétiens d'Occident, à Rome et en Gaule. s'étaient au contraire montrés rebelles à l'arianisme pour rester catholiques. Le fait que la plupart des Germains et les Gallo-Romains étaient de sectes chrétiennes différentes semble. pour un temps, mettre entre eux une aussi grande barrière que si les premiers fussent restés fidèles à leur vieux culte polythéiste. Mais telle était l'influence que possédait déjà le clergé catholique, que dans la lutte sourde ou déclarée qui s'engagea partout entre les évêques et les prêtres catholiques et les envahisseurs ariens, ce furent ceux-ci qui succombèrent. L'arianisme devint pour eux une cause d'irrémédiable faiblesse. Ils finirent par l'abandonner volontairement pour entrer dans le giron catholique, ou ceux qui persistèrent dans l'hérésie demeurèrent vaincus.

Ce furent les Francs qui, dans la guerre engagée entre l'arianisme et le catholicisme, se portèrent vers ce dernier et décidèrent de son triomphe. Ils étaient restés établis sur le territoire le long du Rhin et de la Meuse, qu'ils avaient déjà occupé, pendant que le flot de l'invasion les dépassait pour se répandre dans le Sud de la Gaule et en Espagne. Ils avaient continué à s'étendre. Leurs progrès avaient malgré tout été assez lents, car, au moment où Clovis va s'élever, leur domination en Gaule ne dépassait guère la ville de Tournay. Ils se répartissaient entre différentes tribus, ayant chacune son chef. En 481, Clovis, devenu le chef des Francs Saliens, se mit en marche vers le Sud et vainquit complètement le général romain Syagrius. Il étendit alors la domination des Francs jusqu'à la ville de Soissons. Clovis se maria avec Clotilde, une catholique, nièce du roi des Burgondes. Les Francs et Clovis étaient demeurés païens attachés à l'ancien culte germanique d'Odin, mais Clovis devenu l'époux d'une catholique fut bientôt sollicité de se convertir par sa femme et les évêques. A la bataille de Tolbiac, qu'il livra aux Allemands, voyant le succès indécis, il invoqua le dieu des chrétiens et promit de le reconnaître s'il le faisait triompher. Victorieux, il tint sa promesse. Il se convertit au christianisme et les Francs presque tous avec lui. Il fut baptisé et oint par l'évêque Remi, à Reims.

Cet événement, d'une importance décisive, changeait le caractère que la domination des Francs avait eu jusqu'alors en Gaule. Il établissait sur une base nouvelle l'autorité de leur chef et transformait les relations entre Germains et Gallo-Romains. La barrière qu'avait pu mettre entre eux la diversité de religion tombait par le fait que tous devenaient chrétiens catholiques. A partir de ce moment, ils pouvaient continuer à être régis par des lois différentes, mais ils avaient les mêmes prêtres, le même Dieu, et l'unité spirituelle, à une époque où toute vie morale et intellectuelle était concentrée dans la foi religieuse, établissait entre eux le meilleur des liens. L'idée de conquérants et de conquis, de vainqueurs et de vaincus disparaissait. Le chef chrétien des Francs, oint par l'Église, devenait le souverain légitime, reconnu et obéi, au même titre, par tous les habitants chrétiens, quelle que fût leur diversité d'origine. Pour la première fois depuis l'invasion, les évêques et les prêtres catholiques avaient un chef et un peuple dominateurs, qui fussent pleinement de leur foi et, comme tels, soumis à leur direction spirituelle. Aussi la sensation d'un triomphe immense remporté par le baptême de Clovis a-t-elle été si profonde qu'elle a traversé les siècles. L'Église de France n'a cessé de célébrer l'événement comme son grand triomphe, comme l'époque où s'effectue l'union, qui a duré si longtemps, de l'Église et de la Monarchie, du trône et de l'autel. Le roi et l'Église commençaient, en effet, chacun dans sa sphère, une carrière d'ascension et de grandeur.

L'évêque Remi, lorsqu'il avait oint Clovis, lui avait communiqué une majesté toute nouvelle. Les chefs francs jusqu'alors, quoique pris dans certaines familles privilégiées, de rang supérieur, étaient toujours soumis à l'élection, leur prestige venait surtout de la vaillance qu'on leur connaissait, leur autorité, qui était celle de chefs de guerre, n'était complète que sur les champs de bataille, leur droit ne se reliait à aucune conception surnaturelle transcendante. Mais Remi sacrant Clovis lui conféra la qualité mystique de roi chrétien, relié à Dieu, tenant de lui son droit par l'intermédiaire de l'Église et par conséquent investi de la souveraineté de telle manière que lui et ses descendants pussent en être les seuls dépositaires. Toute cette conception de l'autorité royale était demeurée inconnue des Barbares, et Clovis sacré par l'Église fut un tout autre personnage que n'avait été le simple chef des Francs.

La nouvelle source de force que les Francs venaient d'acquérir par leur conversion, les porta tout de suite à attaquer leurs voisins ariens, les Burgondes et les Wisigoths. Ils les vainquirent et les rendirent dépendants, grâce à l'appui plus ou moins ouvert que leur prêtèrent les évêques et le peuple catholique des territoires attaqués. Clovis étendit donc sa domination à toute la Gaule, sauf à la Septimanie, au sud-est.

Clovis et ses successeurs, ainsi agrandis, récompensèrent la hiérarchie catholique, par l'importance accrue qu'ils lui accordèrent et les avantages d'ordre spirituel et temporel qu'ils lui laissèrent prendre. Grégoire de Tours nous fait connaître le grand rôle qu'ont joué les évêques sous les rois francs. Les évêques, qui se rappelaient les temps encore proches où, sous l'empire, leurs ouailles ne s'étaient d'abord recrutées que parmi les habitants les plus humbles des villes, qui longtemps ensuite avaient dû subir la persécution cruelle des fonctionnaires romains.

devaient regarder avec complaisance la situation nouvelle où ils se trouvaient sous les Francs, entrés dans les conseils des rois. Et, au lieu d'avoir comme autrefois, dans certaines catégories de Romains endurcis par la philosophie ou le culte des dieux antiques, des hommes rebelles à leurs enseignements, ils possédaient, dans les rois et les guerriers germains, des esprits simples, des âmes naïves, qui embrassaient les dogmes chrétiens avec une entière soumission. Alors l'Église se développe au temporel, elle s'établit au milieu de la société comme un corps vivant, avec une règle, une forme et des droits indépendants. Elle commence cette acquisition par dons et par legs d'immenses biens dévolus aux basiliques et aux monastères, qui assureront sa richesse et sa grandeur pour de longs siècles.

On reconnaît ainsi que les Barbares entrés dans l'empire romain décrépit y trouvaient cependant un élément très vivant et en croissance, le christianisme, et que le christianisme et sa hiérarchie, loin de leur présenter des forces hostiles, se sont d'abord offerts à eux comme possédant un principe religieux supérieur et, après les avoir convertis, se sont alliés avec empressement et sans réserve. Et de la combinaison de la puissance spirituelle, venue du monde romain, avec la puissance temporelle guerrière qu'apportaient les Barbares sont graduellement sorties les monarchies de droit divin, qui traverseront le moyen âge.

⁂

En considérant le chemin que nous venons de parcourir, nous voyons que la chute de l'empire romain et l'invasion des Barbares sont des événements qui n'ont rien présenté d'accidentel. On peut dire, au contraire, qu'aucune période de l'histoire n'a montré de faits mieux enchainés. Pour exprimer, par des termes du sens le plus propre, le caractère exact de cette phase de l'histoire, on pourrait, au lieu des mots consacrés de chute de l'empire et d'invasion des Barbares, dire la fin de l'empire et de la pénétration des Barbares.

Il faut, en effet, se représenter que, pendant quatre siècles, l'empire romain et le monde germain ont vécu côte à côte; que, pendant les deux derniers siècles, l'empire a souffert d'un affaiblissement qui progresse d'une manière ininterrompue. Il va bien ainsi par lui-même à une fin naturelle. Alors que le monde romain s'affaisse, le monde germain s'étend. Au simple contact, d'abord établi sur la frontière, entre Romains et Germains, succèdent bientôt des rapports étroits, qui donnent lieu à une infiltration des Barbares dans l'empire. Les Barbares entrent d'abord en qualité de colons ou de serviteurs, puis ils sont appelés comme auxiliaires militaires. Puis, par un nouveau pas, aux soldats recrutés individuellement succèdent des peuples entiers, d'abord les Francs, qu'on laisse s'établir sur le territoire même de l'empire et auxquels on remet la défense de la frontière. La pression des peuples au loin devient de plus en plus forte, et alors l'entrée des Barbares dans l'empire s'accentue. De 406 à 413, a lieu le grand mouvement en avant, auquel on peut plus spécialement appliquer le nom d'invasion. Les Barbares, qui n'étaient encore implantés que sur la frontière, sont maintenant partout dans l'empire. Mais il n'est pas encore détruit, il subsiste toujours. Les Barbares reconnaissent longtemps, dans une certaine mesure, l'autorité supérieure de l'empereur, ils n'occupent guère encore leurs territoires qu'à des titres vagues. Cependant leur domination s'étend sans discontinuer au détriment des Romains, qui finissent par perdre leurs dernières possessions et leurs derniers vestiges d'autorité. Alors, en 476, il n'y a plus d'empereur. Les Barbares sont maintenant tout à fait maîtres, ils agissent les uns vis-à-vis des autres comme des souverains n'ayant plus de supérieur au-dessus d'eux. Leurs chefs sont devenus des rois chrétiens, ils s'appuient sur les évêques qui, par la consécration religieuse, fortifient leur autorité et exaltent en eux la majesté royale, conçue comme venant de Dieu. Et par là se trouve inauguré sur les ruines de l'empire romain le système qui, en se développant, deviendra le régime féodal.

III

LES CROISADES

Le royaume de France commence avec Charles le Chauve, qui règne de 840 à 877. Il se dégage de l'immense empire formé par Charlemagne et transmis à son fils, Louis le Débonnaire. Le besoin d'une vie propre et indépendante s'était développé dans les parties. Les deux princes, qui ont reçu en partage, l'un la France, l'autre l'Allemagne, tous deux soumis à l'autorité supérieure de l'empereur, se coalisent contre lui. Ils lui livrent bataille à Fontanet, en 841. Victorieux, ils brisent l'unité et disloquent l'empire. C'est à partir de ce moment seulement qu'il y a une France. Auparavant l'ancienne Gaule avait constitué un territoire sans vie propre, régi d'abord par les Romains, puis par les Francs germains.

La France commence donc au démembrement

de l'empire de Charlemagne. La nouvelle nation a vu se fondre les éléments qui sont venus se superposer, sur son sol, à l'élément gaulois primitif. Les différences de race et d'origine sont désormais effacées ; il y a toujours des hommes de conditions diverses, mais tous de même nationalité. Une nouvelle langue, qui sera le français, s'est dégagée du latin. Le premier monument que nous en ayons est précisément le serment d'alliance que se sont prêté entre eux Louis le Germanique et Charles le Chauve, lorsqu'ils ont pris les armes pour partager l'empire.

Les commencements de la France, sous Charles le Chauve et ses successeurs, ont été humbles. Le nouveau royaume est sans force. Il subit les invasions des Normands, qui dévastent le littoral et viennent mettre le siège jusque devant Paris. L'autorité royale est en décroissance. Elle disparait un moment presque complètement. Le pays est soumis à une sorte de dissolution de toute autorité centrale. Il s'y opère une désagrégation des parties qui amène d'abord une extrême faiblesse. Mais ce n'était point une décomposition et la mort qui venaient, c'était la gestation d'un système nouveau : le régime féodal se formait. Le morcellement infini de l'autorité n'était point une décadence, mais un signe de renouveau, car, lorsqu'après deux siècles le système féodal s'est complété, on retrouve une société parfaitement liée et organisée dans ses parties, qui aura une foi religieuse intense, qui produira une littérature originale, des arts nouveaux et qui, en toutes choses, montrera un mode de vie puissant.

Le sentiment de la nationalité s'affirme en France par un changement de dynastie. Le dernier des Carolingiens, Charles de Lorraine, que son origine germanique faisait considérer comme un étranger, est écarté du trône. Une dynastie tout à fait nationale commence avec Hugues Capet, en 987.

Les Capétiens régnaient depuis cent ans; le régime féodal était complet; la faiblesse qui s'était manifestée sous les premiers successeurs de Charlemagne était remplacée par une vigueur générale. La société entière avait pris une forme militaire; la guerre, comme symptôme d'exubérance de vie, se poursuivait partout. Une nation nouvelle était réellement survenue, prête à prendre son essor et à se livrer aux entreprises que lui suggéreraient ses instincts et son génie. C'est alors que, chez elle, se produisent les Croisades. Car elles sont bien sorties des entrailles françaises, elles n'eussent jamais eu lieu sans la France, elle seule pouvait les inaugurer et communiquer aux autres peuples l'ébranlement qui devait les entraîner tous ensemble vers l'Orient.

⁂

Les dangers que l'invasion musulmane faisait courir à l'empire d'Orient et le péril qui pouvait en résulter pour la chrétienté entière avaient d'abord excité les alarmes du pape Grégoire VII. Il s'était inquiété d'amener les Latins à s'armer, pour secourir les Grecs. Cependant il mourut avant d'avoir pu mettre son projet à exécution. Le pape Urbain II allait le reprendre. A un concile qu'il convoqua à Placentia et où s'assemblèrent des ecclésiastiques d'Italie, de France, de Souabe et de Bavière, il demanda que l'on portât secours aux chrétiens grecs et à la ville de Constantinople. Il présenta au concile les ambassadeurs de l'empereur Alexis Comnène, qui décrivirent les souffrances des chrétiens d'Orient, de manière à faire fondre en larmes l'assistance. Le concile promit bien aide aux ambassadeurs, mais il se sépara cependant sans avoir pris de résolutions effectives. C'étaient les Français qui devaient les prendre.

Urbain II convoqua un nouveau concile, cette fois en France, à Clermont. Il avait trouvé, pour agir sur le peuple, un puissant auxiliaire dans la personne de Pierre l'Hermite. C'était un homme d'assez chétive apparence, mais qui savait enflammer ses auditeurs par sa parole passionnée et son ardeur enthousiaste. Il revenait d'un pèlerinage au tombeau du Christ. Depuis cinq cents ans environ que les musulmans en étaient maitres, ils avaient généralement montré de la tolérance aux chrétiens qui s'y rendaient. Depuis peu, de nouveaux venus, les Turcs, possesseurs de Jérusalem, avaient, au contraire, soumis les pèlerins à toutes sortes d'avanies. Pierre l'Hermite demeurait profondément irrité des souffrances qu'il avait subies en Terre-Sainte et blessé, au plus profond de sa foi, de voir le Saint Sépulcre aux mains des infidèles. Il se mit donc, à son retour en France, à en prêcher la délivrance et il devint ainsi l'aide naturel d'Urbain II.

Le nouveau concile se réunit dans l'automne de 1095 à Clermont. Il attira des milliers de chevaliers et un peuple immense. On se trouvait là entièrement entre Français. Le pape Urbain II était un Champenois de famille noble. Pierre l'Hermite était lui même Picard, né aux environs d'Amiens. La pensée première qu'avaient eue les papes, de protéger la chrétienté, en secourant les Grecs d'Orient, n'eût peut-être point réussi à émouvoir les chrétiens d'Occident, même ceux de France, si elle fût restée à l'état élevé et politique. Elle s'était donc, en se propageant, modifiée et avait revêtu une forme plus simple, de nature à séduire les hommes du temps. Elle se présentait maintenant comme un pèlerinage armé à entreprendre pour délivrer le tombeau du Christ. Par là Urbain II put en appeler à la foi des chrétiens dans ce qu'elle avait de plus vivant au moyen âge, le culte des reliques, la pratique des pèlerinages, la croyance en des signes rédempteurs tangibles. Aussi, quand, le 26 novembre 1095, il monta sur une plate-forme dans la plaine près de Clermont et parla à la multitude assemblée, souleva-t-il son enthousiasme, en lui demandant de s'armer pour aller délivrer le Saint Sépulcre et servir le Christ. Les assistants, pris d'un immense enthousiasme, s'écrient : Dieu le veut ! Dieu le veut ! Tous sont prêts à partir. Un signe de ralliement est immédiatement trouvé, une croix rouge en étoffe. Des milliers d'hommes l'attachent sur leurs vêtements ; le nom de croisés leur est alors donné. Le pape promulgue un règlement par lequel tout croisé reçoit remise de ses péchés, son voyage lui vaudra leur pardon complet, il ne pourra être molesté pendant son absence, quiconque touchera à ses biens sera excommunié.

Lorsque le concile fut levé, les hommes qu'il avait réunis allèrent communiquer leur ardeur par tous pays. Le départ pour Jérusalem fut fixé à l'Assomption de 1096. Ces deux Français, Urbain II et Pierre l'Hermite, avaient donc prêché une entreprise qui répondait aux penchants les plus vifs de leur nation. Ils avaient su lui tenir le langage qui pouvait mieux l'entraîner, et, en effet, elle allait se jeter, pendant cent soixante-dix ans, vers l'Orient.

Délivrer le Saint Sépulcre et obtenir dans l'entreprise le pardon de ses péchés étaient évidemment de puissants motifs d'action, pour les hommes religieux à la manière du moyen âge, mais, par-dessous ceux-là, auxquels le pape et Pierre l'Hermite faisaient directement appel, il y en avait d'autres au moins aussi puissants, agissant concurremment. C'était l'amour de la guerre, la passion des expéditions lointaines qui, à l'égal du zèle religieux, trouvaient à se satisfaire. Montesquieu l'a très bien vu, lorsqu'il a dit des croisades : « Tout à coup il se répandit en Europe une opinion religieuse, que les lieux où Jésus-Christ était né, ceux où il avait souffert, étant profanés par les infidèles, le moyen d'effacer ses péchés était de prendre les armes pour les en chasser. L'Europe était pleine de gens qui aimaient la guerre, qui avaient beaucoup de crimes à expier et qu'on leur proposait d'expier en suivant leur passion dominante; tout le monde prit donc la croix et les armes. » Mais reconnaissant, par-dessous la passion guerrière commune alors à toute l'Europe, la part du caractère impulsif et aventureux spécial aux Français et qui les désignait, à l'exclusion de tous autres, pour engager l'entreprise, Voltaire a dit des croisades, en faisant allusion à la conduite si différente qu'avaient tenue les hommes réunis au concile de Placentia et à celui de Clermont : « On avait pleuré en Italie, on s'arma en France. » Et l'historien Duruy, se reportant en arrière au lointain passé, ajoute : « Ainsi, au onzième siècle, les Français recommençaient les invasions gauloises, ils passaient le Rhin et le Danube, comme ces Gaulois qui allèrent braver Alexandre, piller Delphes et faire trembler l'Asie. »

C'est là le vrai jugement. Après mille ans d'interruption, la vie nationale, dégagée d'entraves, revenant sur le sol de la vieille Gaule, y retrouve des hommes dont le caractère et les penchants fondamentaux n'ont pas changé. Aussi, non loin de Toulouse, d'où étaient partis les Gaulois qui étaient allé envahir la Macédoine et la Grèce pour les piller, partent maintenant de Clermont les Français qui vont envahir l'Asie, pour délivrer le tombeau du Christ. Le mobile immédiat d'action s'est, au cours du temps, élevé et modifié, mais le vieux fond est resté immuable : l'amour de la guerre aventureuse, portée au bout du monde.

*
* *

Le propre de la première croisade, qui a été, par ses résultats, la principale et qui a donné le branle aux autres, est qu'elle a été exécutée en dehors de toute intervention de la royauté et des gouvernements. Lors du concile de Clermont, Urbain II était précisément en lutte avec les plus puissants souverains du temps, l'empereur d'Allemagne, Henri IV, et Philippe, roi de France. Ils étaient tous les deux excommuniés, et Urbain II, au concile, avait spécialement répété l'anathème contre Philippe, qui refusait de se soumettre aux décisions de l'Église. Le roi n'étendait alors sa domination effective qu'à un petit rayon autour de Paris, de telle sorte que le pape se trouvait aussi à l'abri de sa colère à Clermont qu'il eût pu l'être à Rome. La première croisade est donc le produit d'un mouvement impulsif, entraînant à la fois les petites gens et les seigneurs. Aussi les armées qui vont se diriger vers la Terre Sainte seront-elles doubles. Mais le mot armée ne convient guère, car, parmi les guerriers qui se réunissent, il n'y aura, à proprement parler, aucune discipline ou organisation d'ensemble, puisqu'il n'y a aucun commandement venu de source supérieure. Ce sont des pèlerins-guerriers qui, mus par un commun enthousiasme, convergent de tous les points du territoire et se mettent en marche. Les assemblages qui forment la première croisade ressemblent donc bien plus à ceux des anciens Gaulois et des Germains qu'aux armées organisées qu'ont formées de tout temps les peuples policés. Ce sont véritablement des multitudes en mouvement.

La première expédition à partir fut celle des gens du peuple qui, à peine armés et équipés, s'avancèrent sous la conduite de Pierre l'Hermite et d'un pauvre chevalier nommé Gautier-sans-Avoir. Ils gagnèrent le Danube, en passant le Rhin à Mayence et Cologne. Leur premier exploit fut de massacrer les Juifs qu'ils trouvèrent dans ces villes. Ils se grossirent des Allemands et descendirent le Danube au nombre de 300.000, ont dit certains chroniqueurs, pillant et semant l'effroi autour d'eux. Ils avançaient sans avoir aucune notion des distances à parcourir et de l'éloignement où se trouvait le tombeau du Christ, et ils demandaient, à la vue des villes dont ils approchaient : Est-ce là Jérusalem ? La population, soulevée contre eux en Hongrie et en Bulgarie, en fit périr un grand nombre. Les maladies les avaient d'ailleurs fauchés sur la route ; ils arrivèrent à Constantinople très réduits. Ils passèrent en Asie et, près de la ville de Nicée, les musulmans, venus à leur rencontre, les exterminèrent. Leurs ossements formèrent par la suite des monticules dans la campagne. Pierre l'Hermite fut parmi les rares survivants qui s'échappèrent.

Les hommes d'armes partirent après les gens du peuple. Ils s'élevaient, selon certaines supputations, à 100.000, armés de la lance et du haubert, accompagnés, a-t-on dit, de 600.000 fantassins, valets et serviteurs. Ils se divisèrent en quatre grandes fractions, qui suivirent des voies différentes pour gagner Constantinople, formées surtout de Français, mais auxquelles s'étaient joints des Italiens, des Allemands, des habitants des Flandres et des Pays-Bas.

Ils traversèrent le Bosphore et, engagés dans l'Asie Mineure, ils prirent Nicée, après avoir battu le sultan. Puis ils vainquirent les musulmans, qui voulaient les arrêter à Dorylée. En s'avançant sur Édesse, à travers des pays déserts, ils souffrirent énormément, la plupart des chevaux moururent, un très grand nombre d'hommes périt. Ils parvinrent à Édesse et la prirent. Puis ils mirent le siège devant Antioche. Il dura un an. La ville leur fut enfin livrée par la trahison d'un renégat arménien, qui ouvrit une porte. Ils furent eux-mêmes bientôt investis par les musulmans dans Antioche. La famine leur fit subir de nouvelles et grandes pertes. Réduits à la dernière extrémité, ils sortirent d'Antioche, livrèrent une bataille désespérée aux musulmans qui les cernaient, qu'ils mirent en déroute et qui après cela se dispersèrent. Enfin, au mois de juillet 1099, ils arrivent devant Jérusalem. Ils n'étaient plus alors que vingt-cinq mille. Ils prirent la ville et repoussèrent ensuite une armée égyptienne, venue trop tard pour la secourir.

La première croisade avait donc vu périr un nombre d'hommes énorme. Gibbon dit que 300.000 croisés avaient perdu la vie, avant qu'une seule ville eût été prise aux musulmans. Si l'on joint à la destruction de l'armée populaire conduite par Pierre l'Hermite les pertes subies par les chevaliers et leurs suivants, qui n'étaient plus qu'un petit nombre en arrivant devant Jérusalem, on obtient un total de morts qui dépasserait un demi-million. Les croisés n'avaient acquis, au prix de ce sacrifice, que quatre villes isolées au milieu des territoires conservés par les musulmans, Édesse, Antioche, Tripoli et Jérusalem. Il faut convenir que c'était un assez faible gain. Jugée au point de vue purement politique, la première croisade, quoiqu'elle ait cependant dépassé en résultats toutes les autres, n'a donc été qu'un événement de médiocre conséquence.

Mais il s'agit ici d'un fait très particulier et, en dehors du jugement du politique et du critique, il y a la part à faire à l'exaltation religieuse. Les premiers croisés marchaient les yeux fixés, dans un immense lointain, sur le tombeau du Christ. Par delà la conquête territoriale à réaliser, ils entrevoyaient l'avantage du pardon de leurs péchés et du triomphe spirituel de la croix à obtenir. Ils sacrifiaient donc leur vie sans marchander, pour ce gain abstrait, et lorsqu'ils eurent pris Jérusalem, que le tombeau du Christ fut délivré, ils pensèrent, et le monde chrétien pensa avec eux, que le but pour lequel ils s'étaient mis en marche avait été atteint. On n'eut point d'yeux pour la pauvreté de l'acquisition territoriale, on ne vit que la réussite de l'entreprise religieuse. L'entrée des croisés à Jérusalem produisit dans la chrétienté une immense allégresse, on en fit le triomphe de la croix sur le croissant. Les chrétiens de France, initiateurs de l'entreprise, s'en prévalurent comme d'un titre de primauté. Ils n'ont cessé depuis de raconter les croisades en s'en attribuant la gloire : ils leur ont donné le nom de *Gesta Dei per Francos*. La poésie devait elle-même s'emparer du thème de Jérusalem délivrée pour l'idéaliser. De telle sorte que, par-dessus les faits certains, il s'est élevé une structure d'embellissement qui a persisté dans l'imagination. Les événements ont pu ainsi conserver un air de grandeur et de triomphe, fort différent de la réalité.

*
* *

Les chrétiens de la croisade restaient en possession de quatre villes. Chacune fut donnée à un des principaux seigneurs ayant exercé le commandement. Beaudouin eut Édesse; Bohémond, Antioche ; Raymond, Tripoli ; Godefroy de Bouillon, Jérusalem. Jérusalem et le pays aux alentours furent élevés à la dignité de royaume. A l'époque de la première croisade, il n'existait en Orient aucune grande puissance musulmane dominatrice : les anciens califes, souverains de tous les Arabes, avaient perdu leur empire ; sur leur ruine s'étaient élevés des potentats locaux. Les principaux étaient le calife d'Égypte, au Caire, et l'atabeck turc, à Mossoul. C'est à la faiblesse de leurs ennemis, résultant de leurs divisions, que les croisés avaient dû leurs succès, et c'est grâce aux dissensions continuant à subsister dans le monde musulman qu'ils parvinrent à conserver les villes acquises. Les hommes d'armes demeurés en Orient se trouvèrent en effet si peu nombreux et par conséquent si faibles, qu'ils durent garder la défensive, sans pouvoir s'étendre. Le plus grand nombre des croisés avait péri, et la plupart des survivants, ayant accompli leur vœu de délivrer le tombeau du Christ, rentraient en

Europe. Il fallut donc finalement que les princes établis en Orient, pour arriver seulement à se maintenir, fissent un appel incessant aux chrétiens d'Occident. C'est pour venir à leur secours que les croisades vont se renouveler.

A l'annonce de la prise de Jérusalem, de nouveaux groupements s'étaient formés par toute l'Europe, pour accomplir la croisade et aider les premiers partis. En dehors des expéditions combinées, des grandes croisades que l'on compte au nombre de huit, des troupes plus ou moins fortes, des bandes de pèlerins, des individus isolés, continueront tout le temps à se rendre en Terre Sainte et à prêter momentanément leur appui aux chrétiens établis en Asie. Malgré les secours qu'ils recevaient ainsi par fragments, les princes chrétiens ne s'implantaient point d'une manière solide. Leur domination demeurait toujours limitée à des enclaves dans le pays musulman. Ils étaient ainsi menacés, en permanence, de succomber devant un retour offensif de leurs ennemis. C'est ce qui arriva en effet au comte d'Édesse en 1144. Il fut attaqué par l'atabeck turc de Mossoul, qui lui enleva sa ville et son État, avant que les autres chrétiens d'Asie pussent lui venir en aide. C'était un des princes établis par les premiers croisés et sa chute émut la chrétienté.

Saint Bernard, alors universellement vénéré, amena les chrétiens d'Occident à s'unir pour secourir leurs frères d'Orient. L'initiative de la seconde croisade, comme celle de la première, est donc venue de la France.

La seconde croisade partit en 1147. Elle était formée surtout par les Français et les Allemands, s'avançant vers Constantinople en deux grandes armées, commandées cette fois par leurs rois, Louis VII de France et Conrad d'Allemagne. Chaque armée se composait d'environ 70.000 chevaliers, et l'ensemble des fantassins et des suivants a pu être évalué jusqu'à 900.000 hommes. Il y a là évidemment de l'exagération, mais ce qui n'est pas douteux, c'est que la seconde croisade, comme la première, a fait passer un véritable flot humain d'Europe en Asie. L'armée allemande, partie la première, prit, pour traverser l'Asie Mineure, la voie directe de Nicée et d'Iconium. Mais l'immense masse n'avançait que lentement, entourée par les cavaliers musulmans. Les vivres et l'eau vinrent à manquer. Le plus grand nombre des hommes périt de privations ou fut massacré, en cherchant à gagner Nicée. Les Allemands trouvèrent alors les Français qui, venus par derrière, arrivaient à Nicée. Éclairés par le désastre, on prit un autre chemin, en longeant le littoral, par Smyrne et Éphèse. Mais il fallut traverser des montagnes, où les vivres manquèrent encore. Les chevaliers décidèrent de s'embarquer. Il vint si peu de navires envoyés par les Grecs, qu'une partie seulement des chevaliers put prendre la voie de mer. Les autres, avec leurs suivants, continuèrent la marche et en route périrent en grand nombre. De l'immense multitude partie d'Europe, il n'arriva donc en Palestine qu'une assez faible armée et les deux rois. Ils voulurent prendre Damas. C'eût été une conquête retentissante, mais ils échouèrent complètement. Ils durent lever le siège de la ville et, après avoir accompli le pèlerinage au tombeau du Christ, ils rentrèrent sans plus en Europe.

La seconde croisade avait donc, comme la première, coûté la vie au moins à un demi-million d'hommes; mais, cette fois, on n'avait pas même obtenu en compensation de véritable victoire et la prise d'aucune ville. C'était une fin misérable pour une aussi grande expédition, et, quand les croisés survivants furent rentrés en Europe, les princes chrétiens établis en Orient se trouvèrent dans une situation plus précaire qu'auparavant.

Sur ces entrefaites, l'Égypte tomba aux mains de Saladin, qui étendit ensuite sa domination à la Syrie et à la Mésopotamie. Il devenait ainsi agrandi, un formidable adversaire pour les chrétiens d'Orient, tel qu'ils n'en avaient pas encore eu à combattre. Saladin, marchant contre le royaume de Jérusalem en 1187, remporta d'abord une complète victoire sur ses défenseurs, près de Tibériade. Le roi de Jérusalem, Guy de Lusignan, fut pris; son armée fut détruite. Saladin s'empara ensuite de Jérusalem, en expulsa les chrétiens et y rétablit l'exercice du culte musulman. Ainsi, 87 ans après qu'ils s'en étaient rendus maîtres, les chrétiens reperdaient Jérusalem. Tous leurs efforts pour la regagner ne devaient aboutir qu'à la posséder de nouveau temporairement, de 1229 à 1244, après quoi elle resterait définitivement aux mains des musulmans.

Si la perte d'Édesse avait suffisamment ému l'Occident latin pour amener une seconde croisade, la perte de Jérusalem, qui consternait la chrétienté et la frappait au plus sensible de sa foi, ne pouvait manquer d'amener une recrudescence de zèle et, en effet, elle cause la troisième croisade. Trois nations y participèrent avec leurs trois souverains, l'Allemagne, la France et l'Angleterre. Les Allemands, au nombre de 100.000, partirent les premiers, en 1189, sous les ordres de l'empereur Frédéric Barberousse. Profitant de l'expérience acquise, ils avaient établi une sorte de discipline, inconnue jusqu'alors, et restreint le plus possible les hommes en marche aux véritables combattants. Cependant ils prirent, comme auparavant, la route de terre, pour gagner la Palestine par le Danube et l'Asie Mineure. Les fatigues et les privations que les premiers croisés avaient eu à supporter, et qui les avaient fait périr en si grand nombre, se retrouvèrent donc. Les Allemands repoussèrent cependant les Turcs qui les attaquèrent, et ils étaient arrivés en Syrie, lorsque l'empereur Frédéric se noya, en se baignant dans une rivière. Ils se divisèrent découragés; beaucoup s'embarquèrent pour l'Europe; d'autres se rendirent à Antioche, où la peste les diminua encore. La croisade allemande n'amena donc pas de résultat.

Les Français et les Anglais, sous la conduite des rois Philippe-Auguste et Richard Cœur-de-Lion, éclairés enfin par les désastres qui résultaient de l'immensité des distances à parcourir et de la difficulté des lieux, renoncèrent à la voie de terre et prirent celle de mer. Elle allait devenir maintenant le moyen fixe que les croisés adopteraient pour gagner l'Orient. Philippe-Auguste alla s'embarquer à Gênes. Richard, après avoir traversé la France et l'Italie, s'embarqua à Messine et, en route, ayant été poussé par le vent vers l'île de Chypre, y descendit, la conquit sur les Grecs et la donna au roi détrôné de Jérusalem,

Guy de Lusignan. Les rois de France et d'Angleterre, arrivés en Syrie, y trouvèrent un assemblage de croisés de tous pays qui, avec les forces des princes chrétiens d'Asie, assiégeaient Saint-Jean-d'Acre. Ils prirent part au siège. Après avoir repoussé les musulmans commandés par Saladin, ils s'emparèrent de la ville. Lorsqu'elle fut prise, Philippe-Auguste se rembarqua en hâte, et Richard Cœur-de-Lion, plein de la crainte qu'en son absence le roi de France n'attaquât ses États, abandonna lui-même la Terre Sainte pour revenir.

L'immense effort accompli par les trois souverains d'Allemagne, de France et d'Angleterre ne procurait donc que l'acquisition d'un port. Saint-Jean d'Acre devint dès lors la ville principale des croisés, et les corps religieux, les Templiers, les Hospitaliers, qui s'étaient créés en Terre Sainte pour occuper le pays conquis et le garder, y établirent leurs quartiers.

Après la troisième croisade, le domaine des chrétiens en Syrie se trouva décidément limité à quelques villes du littoral, et tout espoir était perdu de l'étendre au loin, à l'intérieur.

*
* *

Cependant Jérusalem et le Saint Sépulcre demeuraient toujours au pouvoir des musulmans et, après le retour des rois Philippe-Auguste et Richard, le pape continua à demander aux chrétiens d'aller les délivrer. Foulque, curé de Neuilly-sur-Marne, prêcha la croisade en France avec un tel succès, qu'il fit prendre les armes aux seigneurs de la Champagne, de la Bourgogne et de la Flandre, auxquels devaient se joindre des Allemands et des Italiens. Ils allaient former la quatrième croisade. Mais celle-ci montrerait une déviation complète du but primitif des croisades. Déjà Richard Cœur-de-Lion, au cours de la troisième croisade, s'était jeté sans scrupules sur l'île de Chypre, possédée par les Grecs de Constantinople et s'en était emparé, pour la donner à un prince latin. Maintenant l'esprit de pure ambition va se développer définitivement et il pénétrera si bien les seigneurs de la quatrième croisade, qu'il les détournera entièrement du dessein de combattre les infidèles, pour les mener à l'attaque de Constantinople.

Lorsque Grégoire VII et, après lui, Urbain II avaient d'abord exhorté les chrétiens d'Occident à s'armer pour secourir les Grecs d'Orient, ils avaient été mus par la pensée des périls que la chrétienté tout entière courait de la part des musulmans, et leurs vues avaient été assez élevées pour dominer l'esprit de secte et ne voir dans les Grecs que des hommes dignes d'être secourus. La séparation qui s'était opérée entre l'Église de Rome et celle des Grecs d'Orient n'était point d'ailleurs, à cette époque, de vieille date, et le schisme semblait toujours de nature guérissable. Les papes, dans leur tentative de porter secours aux Grecs, entrevoyaient donc, outre le but politique, l'avantage religieux d'amener le rapprochement des Églises et de rétablir ainsi l'unité chrétienne à leur profit. Mais les idées des papes étaient de nature trop élevée pour être comprises par les hommes du Moyen Age et pour pouvoir les entraîner. La pensée première de secourir les chrétiens d'Orient avait dû être remplacée par celle d'un pèlerinage guerrier au tombeau du Christ. C'est donc sous l'impulsion immédiate d'un sentiment religieux naïf que la première croisade s'était formée. Et, en effet, les croisés, s'avançant dans un grand élan de foi, au prix d'immenses sacrifices, étaient parvenus à leur but : ils avaient pris Jérusalem et délivré le Saint Sépulcre. Mais de pareils élans ne se reproduisent jamais complètement; l'enthousiasme diminue vite, et, dès les deuxième et troisième croisades, on voit que l'élan est affaibli, que l'enthousiasme a diminué. Ils sont tellement réduits et mêlés d'autres sentiments, dans les croisades du XIIIe siècle, que l'idée du pèlerinage en Terre Sainte n'est plus, comme dans le cas de la quatrième croisade, qu'un prétexte à des conquêtes entreprises par ailleurs. L'ire des croisés ne se déchaîne donc plus maintenant contre les infidèles, mais contre les chrétiens grecs.

Du reste, une lutte sourde, engendrant de véritables conflits, s'était tout de suite établie au contact entre les Latins et les Grecs. Lorsque les premiers croisés, pour passer en Asie, étaient parvenus sous les murs de Constantinople, la vue de cette ville immense, remplie de palais et d'églises de marbre et renfermant une accumulation de richesses de toute sorte, avait excité leur étonnement. Ils ne connaissaient rien de semblable, car l'Occident latin tout entier ne contenait alors que des villes de médiocre étendue. L'étonnement avait été bientôt accompagné de la convoitise: les croisés s'étaient mis par partis à piller la ville ou ses environs, et certains des chevaliers avaient été jusqu'à émettre l'idée de s'en emparer. Les empereurs grecs et leurs sujets avaient été, pour leur part, effrayés par ces multitudes armées, à la merci desquelles ils se trouvaient. Ils s'étaient donc hâtés de s'en délivrer, en les faisant passer en Asie. Les croisés n'avaient point manqué de ressentir l'accueil défiant des Grecs ; même ils avaient fini par les accuser de perfidie : ils leur reprochaient de les avoir induits à des entreprises néfastes et conduits par des lieux où ils devaient périr. A ces causes d'inimitié étaient venues s'ajouter les haines de secte. Le fossé qu'avaient creusé, entre les Latins catholiques et les Grecs orthodoxes, le schisme et les divergences dogmatiques, s'était trouvé presque aussi profond que celui qui existait entre eux deux et les musulmans. Une des difficultés que les princes latins établis en Asie trouvaient à s'y implanter venait de la haine qui surgissait naturellement entre les Latins, leurs suivants, venus avec eux d'Occident, et le fond de la population grecque chrétienne, restée dans les villes par-dessous la conquête musulmane. Les Grecs pouvaient si peu s'unir aux Latins qu'ils étaient portés, en certains cas, à regretter leurs anciens maîtres musulmans et qu'ils étaient soupçonnés constamment par les Latins de pactiser avec eux. Les motifs de conflit et d'inimitié apparus dès le contact entre Grecs et Latins s'étaient donc constamment développés, et lorsque la quatrième croisade se forma en 1202, plus d'un siècle après la première, une attaque de l'empire grec par les croisés ne pouvait rien avoir de surprenant. Ce furent les Vénitiens qui entraînèrent les croisés vers Constantinople.

Les chevaliers de la quatrième croisade avaient envoyé six des leurs en députation à Venise, pour arrêter les conditions auxquelles on leur fournirait des vaisseaux. Les Vénitiens s'étaient engagés à mettre à leur service le nombre de transports convenable et à joindre leur flotte de guerre à l'expédition. La somme à payer avait été fixée. Les croisés arrivèrent donc à Venise pour s'y embarquer, mais, malgré tous leurs efforts, ils ne purent donner qu'une partie du prix stipulé. 34.000 marcs d'argent restèrent dus, et ils n'avaient en perspective aucun moyen de se les procurer. Le doge Dandolo leur demanda de prêter leur force à Venise pour attaquer la ville de Zara révoltée et la faire rentrer dans l'obéissance. Ils paieraient la somme due, plus tard, selon les circonstances. Les croisés se laissèrent entraîner contre Zara, malgré les remontrances et même l'excommunication du pape Innocent III, qui déclarait que des hommes ayant fait vœu de combattre les infidèles, ne devaient point verser le sang chrétien. La ville de Zara fut ramenée sous la domination de Venise. Les croisés et les Vénitiens étaient encore à Zara, lorsqu'ils virent arriver près d'eux le prince grec Alexis. C'était le fils de l'empereur Isaac, qui venait d'être détrôné et enfermé par Alexis III. Le prince Alexis promit aux croisés, s'ils voulaient aller à Constantinople rétablir son père, le payement de 200.000 marcs; de plus, il s'engagea à faire cesser le schisme, en pliant les Grecs à l'autorité du pape. Les Vénitiens recevraient, pour leur part, des avantages commerciaux. Le doge Dandolo, qui avait déjà entraîné les croisés à Zara, les amena aux vues du prince Alexis. Les croisés et les Vénitiens combinés, malgré de nouvelles remontrances du pape, vinrent donc mettre le siège devant Constantinople. Ils s'en emparèrent, dépossédèrent Alexis III et remirent sur le trône Isaac avec son fils, qui prit le nom d'Alexis IV.

Mais les nouveaux empereurs ne purent tenir leurs engagements : il leur fut impossible de réunir les 200.000 marcs promis, le clergé et le peuple refusèrent obéissance au pape. Les Grecs se soulevèrent même bientôt contre les empereurs restaurés et leur substituèrent Alexis V. Les croisés et les Vénitiens revinrent alors attaquer Constantinople, ils s'en emparèrent de nouveau et, cette fois, la pillèrent systématiquement. Les produits du pillage furent lotis, par égales portions, et les croisés, comme nous l'apprend Villehardouin, payèrent aux Vénitiens, sur la part leur revenant, la somme qu'ils restaient leur devoir, pour la location des vaisseaux. Lorsque les croisés et les Vénitiens se virent ainsi maîtres de Constantinople, ils résolurent de la garder, d'y introduire un régime nouveau et de faire empereur un homme pris parmi eux. Le doge Dandolo ayant refusé le trône, auquel on l'appelait de préférence, Baudoin, comte de Flandre, y fut placé et devint ainsi empereur latin de Constantinople.

Cette tentative d'implanter la suprématie latine sur un fond grec était une entreprise violente. Son succès ne pouvait être qu'éphémère. Aussi devait-elle avoir des conséquences désastreuses pour Constantinople et l'empire. Les conflits qui surgirent entre la population grecque et les Latins, tant croisés qu'anciennement établis dans le pays, amenèrent des batailles, au cours desquelles trois incendies successifs détruisirent une grande partie de la ville. Les croisés étaient des hommes incultes, pleins de convoitise. Ils anéantirent, en pillant la ville, des richesses d'art sans nombre, et les bronzes les plus précieux de l'antiquité grecque furent brisés et fondus pour être convertis en numéraire. Constantinople vit ainsi disparaître son antique splendeur.

L'incompatibilité qui s'était manifestée dès le premier jour entre Latins et Grecs fut changée, par l'usurpation des Latins, en haine violente du côté des Grecs. Ils ne considérèrent les intrus que comme des ennemis, contre lesquels ils se soulevèrent de toutes parts. Les Latins eurent ainsi à conquérir l'empire, province par province. Ils réussirent à s'emparer de la partie d'Europe. Ils la divisèrent entre les principaux seigneurs de la croisade, qui y établirent une sorte de système féodal, à l'imitation de l'Occident latin. Mais ils échouèrent en Asie, où ils ne purent faire prévaloir leurs armes que dans le voisinage de Constantinople. Les Grecs, fuyant la domination latine, se groupèrent autour d'un de leurs princes, pour établir à Nicée un nouvel empire, qui se maintint. Les Latins, peu nombreux, ne pouvant se recruter du dehors, ni s'assimiler leurs sujets, dont les séparait le fossé du schisme, virent sans cesse diminuer leur nombre. Le moment vint enfin où les Grecs de Nicée furent assez forts pour les attaquer avec succès. Ils leur reprirent Constantinople et, bientôt après, les provinces. L'empire latin, comme une plantation sans racines, disparut au bout de soixante ans. Les Grecs se rétablirent le mieux qu'ils purent à Constantinople, mais, malgré tout, « le nouvel empire, dit Montesquieu, ne fut que le fantôme du premier et n'en eut ni les ressources ni la puissance ».

De telle sorte que les croisades, qui avaient été d'abord conçues pour porter secours aux chrétiens d'Orient, devaient les laisser plus faibles qu'auparavant, exposés aux coups des musulmans. Et en outre, l'espérance que les papes avaient eue de mettre fin à la séparation des Églises latine et grecque, s'évanouissait, et le schisme et la haine devenaient irrémédiables.

*
* *

Lorsque la quatrième croisade eut dévié vers Constantinople, le pape Innocent III continua à stimuler le zèle des chrétiens, en vue de la conquête de Jérusalem. La France, épuisée momentanément par l'effort que lui avaient demandé les troisième et quatrième croisades, ne pouvait plus répondre à l'appel. Les cinquième et sixième vont donc avoir lieu — et ce seront les seules — sans sa participation.

La cinquième croisade fut formée par des Hongrois et des Allemands, qui partirent en 1217 avec le roi de Hongrie. Ils s'embarquèrent à Spalatro, pour Saint-Jean-d'Acre. Ils guerroyèrent d'abord, sans grand résultat, autour de cette ville. Ils furent alors renforcés par des Allemands et des Frisons, arrivant sur trois cents navires, par le détroit de Gibraltar. La possession d'une flotte les amena à tourner leurs armes contre Aladil, le sultan d'Égypte, successeur de Saladin. Ils vinrent attaquer Damiette, qui était alors le grand port de l'Égypte. Le siège fut long. Enfin, ils prirent la ville, la pillèrent et y firent un énorme butin. Ils se mirent ensuite en marche vers l'intérieur, pour conquérir l'Égypte. Mais ils n'avaient pas pensé à l'inondation du Nil qui recouvre le pays chaque année. Ils furent donc entourés par les eaux. L'armée ennemie les bloqua et, menacés par la famine, ils durent restituer Damiette, pour obtenir la libre sortie d'Égypte. Ainsi finit la cinquième croisade.

La sixième fut due à l'empereur d'Allemagne Frédéric II qui, en septembre 1228, arrive en Terre Sainte avec une armée. A ce moment l'enthousiasme irrésistible qui avait d'abord entraîné les croisés de tous pays vers l'Orient s'éteignait. La réflexion se produisait, qui engendrait des divergences de vue. Le désaccord sur la conduite à tenir et sur la façon de juger les choses devenait ainsi très grand entre les Latins ayant pris racine en Orient et les croisés nouveaux venus, qui y débarquaient. Les Latins fixés dans le pays avaient fini par adopter en partie les mœurs et les coutumes des infidèles qu'ils avaient d'abord réprouvées ; l'habitation sous un même ciel, des rapports constants les avaient rendus semblables sur certains points. Chrétiens et musulmans en étaient donc arrivés à se tolérer et, au lieu d'être toujours prêts à s'exterminer, ils consentaient maintenant à se faire mutuellement leur part et à vivre en paix, au moyen de trêves à long terme. Ce relâchement envers les infidèles, la répugnance à perpétuer l'état de guerre révoltaient les croisés venant d'Europe, encore pleins de zèle. Cependant, si c'était là la manière de sentir de la grande majorité des nouveaux débarqués, qui les mettait en désaccord avec les anciens établis sur les lieux, il y avait pourtant chez quelques-uns d'entre eux, plus politiques, à la vue des immenses efforts faits pour si peu de résultats, une tendance à croire qu'il valait mieux s'entendre avec les infidèles que de les combattre à tout propros, que des traités qui garantiraient une part certaine étaient ce qu'il y avait, après tout, de plus sûr. L'empereur Frédéric II se trouva précisément du nombre des politiques et, arrivé en Terre Sainte, il négocia au lieu de combattre. Il se trouva ainsi d'accord avec les vieux Latins fixés dans le pays, mais aussi il souleva l'indignation de tous ceux qui voulaient poursuivre la guerre sans trêve. Il fut accusé d'être secrètement acquis aux musulmans, d'incliner vers leur foi. Frédéric, par suite de ses démêlés avec la papauté en Italie, était excommunié, et la lutte entre lui et le légat du Pape en Palestine devint très vive. Une véritable guerre, allant jusqu'au recours aux armes, éclata entre ses partisans et ceux du légat.

Cependant Frédéric, par sa diplomatie, savait obtenir des avantages que l'emploi de la force, au cours des deux dernières croisades, n'avait pu arracher. Il concluait au Caire avec le sultan Malek-El-Kamel, désireux lui aussi de paix et voulant mettre l'Égypte à l'abri des attaques, une trêve de dix ans. Le sultan rendait aux chrétiens, par ce moyen, Jérusalem, Nazareth et les villages voisins. Et quoique le pape eût d'abord protesté contre la trêve, il finit par conseiller de la respecter, la jugeant, après tout, avantageuse. Frédéric quitta la Terre Sainte en 1231, après avoir remis les chrétiens en possession du Saint Sépulcre. Ils le conservèrent aussi longtemps qu'ils maintinrent la paix. Mais, étant rentrés en guerre avec le sultan d'Égypte, ils se virent de nouveau, et à jamais, enlever Jérusalem en 1244. Les musulmans, en rendant la ville, avaient eu la précaution de raser les remparts. Les chrétiens avaient négligé de les rétablir, ils purent donc être de nouveau facilement dépossédés. Dans un dernier retour vers Jérusalem, ils subirent une grande défaite près de Gaza, qui leur ôta tout espoir d'y rentrer.

Les peuples du nord et du milieu de l'Europe, qui avaient formé à eux seuls les cinquième et sixième croisades, ne devaient point en entreprendre de nouvelles. Leur zèle était épuisé. Les deux dernières croisades, la septième et la huitième, vont donc encore venir de l'initiative française. La première à s'enflammer, la France sera la dernière à persévérer ; cependant le zèle et l'ardeur s'épuisaient aussi chez elle. En effet, les dernières croisades se distinguent de la première, par ce fait que celle-ci était née d'un enthousiasme irrésistible, amenant tout le monde à s'armer, en dehors de l'intervention royale, tandis que maintenant c'est le commandement personnel du roi qui doit entraîner les hommes qui partent. Saint Louis, pendant une maladie, en 1244, avait fait le vœu d'aller en Terre Sainte. Il l'exécuta, en s'embarquant, en 1248, à Aigues-Mortes. Il prit terre d'abord dans l'île de Chypre, où il avait réuni de grands approvisionnements et où les chevaliers, qui avaient suivi une autre voie que la sienne, vinrent le rejoindre. De Chypre, il mit à la voile pour l'Égypte. La septième croisade prenait donc la même direction que la cinquième. Saint Louis et son armée débarquèrent sous Damiette qu'ils prirent assez facilement. L'inondation du Nil les tint après cela de longs mois inactifs. Lorsqu'ils purent enfin marcher vers le Caire, ils trouvèrent les musulmans en grande force. Ils durent d'abord attaquer la ville de Mansourah. Le frère du roi, Robert d'Artois, se jeta avec témérité sur l'ennemi ; il le bouscula et, dans son premier élan, pénétra jusque dans Mansourah. Mais là, il eut la retraite coupée et fut tué, avec presque tous ceux qui l'avaient suivi. Saint Louis et le reste de l'armée ne purent, malgré tous leurs efforts, prendre Mansourah. Les privations et le manque de vivres frais amenèrent une sorte de peste, qui fit périr un grand nombre d'hommes et laissa les autres sans force pour combattre. L'armée, fort réduite, se mit alors en retraite, sur Damiette. Les mameluks à la poursuite massacrèrent une partie des hommes, puis firent les autres et le roi prisonniers. Saint Louis paya une rançon, pour recouvrer sa liberté et celle de ceux qui avaient survécu. Délivré, il se rendit en Terre Sainte, mais, n'ayant plus d'armée, il ne put accomplir aucune action saillante, et il dut se contenter, avant de rentrer en France, d'apaiser les querelles survenues entre les chrétiens.

Saint Louis, en 1270, prit de nouveau la croix, pour se mettre à la tête de la huitième et dernière croisade. Cette fois-ci, les croisés se détournèrent de cet Orient, qui avait été le but commun de leurs efforts. Ils vinrent débarquer sur la côte d'Afrique, près de Tunis. Ils en firent le siège. Il se prolongea. La peste se mit dans l'armée, beaucoup d'hommes moururent et, parmi ceux-là, saint Louis. Lorsque le roi fut mort, les croisés traitèrent avec le sultan de Tunis, qui leur remit les captifs chrétiens en sa possession et leur paya une indemnité. Ils rentrèrent après cela en France.

L'expédition des Français à Tunis marquait la fin des croisades; aucun nouvel armement ne devait désormais se former en Europe, dans le but d'aller combattre les infidèles, pour délivrer le tombeau du Christ.

* * *

Les établissements créés par les Latins en Orient ne devaient guère survivre aux croisades. Lorsque l'empire latin de Constantinople eut été détruit, en 1261, les Latins ne conservèrent plus, de leurs conquêtes sur les Grecs, que l'île de Chypre, où une dynastie latine régnera jusqu'au XVe siècle. Les Latins perdirent promptement leurs villes de Syrie : Césarée en 1265, Jaffa et Antioche en 1268, Tripoli en 1289. Saint-Jean-d'Acre, sur la mer, résista la dernière; les musulmans ne la prirent qu'après un siège prolongé, en 1291. Les Latins survivants en Asie furent alors massacrés ou durent émigrer.

On voit que les principales conquêtes faites par les croisés sont dues à la première croisade, et que les embellissements que l'imagination a pu ajouter aux croisades lui sont aussi attribuables. Les autres ont complètement avorté, comme les deuxième, cinquième, septième et huitième, ou n'ont donné que des résultats très secondaires, comme les troisième, quatrième et sixième.

En prenant les croisades dans leur ensemble et en les examinant au point de vue des acquisitions territoriales réalisées, on est étonné de la pauvreté de la conquête. Car il faut penser que, pendant cent soixante-dix ans, l'Occident latin en entier a consacré toute sa force, tout son or, toute son ardeur à ces expéditions. Trois rois de France, trois empereurs d'Allemagne, un roi d'Angleterre, un roi de Hongrie, les ont conduites. Des millions d'hommes s'y sont dévoués et y ont péri. Et ce gigantesque effort n'a mené qu'à l'occupation temporaire de Constantinople et à la formation de petites principautés, enclavées dans le territoire occupé par les musulmans. Aussi la possession des quelques villes que les Latins tenaient en Asie ne leur demeurait-elle acquise qu'autant qu'un courant ininterrompu de croisés, partant d'Europe, venait les secourir et qu'autant que les musulmans restaient eux-mêmes affaiblis par des divisions. Aussitôt que les secours du dehors viendraient à manquer, ou que les musulmans s'uniraient, les faibles États chrétiens étaient condamnés à disparaître, et c'est en effet ce qui a eu lieu.

En jugeant les croisades au point de vue militaire, on reconnaît qu'elles ont été conduites avec une absence totale d'art et de science. Les victoires obtenues ne l'ont été que par le déchaînement du courage aveugle. Aussi les types de guerriers que les croisades ont laissés dans l'imagination, Godefroy de Bouillon, Tancrède, Richard Cœur-de-Lion, sont-ils de l'ordre le plus simple, analogues aux héros d'Homère, des preux, qui combattent au premier rang les armes à la main, et pourfendent les ennemis.

Lorsqu'on suit le cours des croisades, on trouve juste la remarque de Duruy qui dit que les Français n'ont fait, avec elles, que recommencer les expéditions aventureuses des Gaulois. Comme les Gaulois, en effet, qui allaient courir le monde les armes à la main et se montraient d'abord irrésistibles à leurs ennemis, les Français des croisades se sont d'abord avancés à travers l'Europe et l'Asie Mineure jusqu'en Syrie. Dans leur première ardeur, ils ont renversé tous les obstacles et se sont emparés de Jérusalem. Puis l'ardeur se calme, s'éteint, et les expéditions qui ont suscité d'immenses espérances se terminent sans rien laisser après elles, que le souvenir de grandes aventures et d'un certain nombre de batailles gagnées ou perdues.

IV

LES GUERRES D'ITALIE

Les croisades avaient pris fin, l'impulsion qui si longtemps avait porté les Français à se précipiter vers l'Orient était épuisée, lorsque les rois d'Angleterre engagent la guerre de Cent Ans avec les rois de France. Cette guerre défensive faite sur le sol devait être d'abord malheureuse, elle allait ruiner la France et longtemps l'obligerait à se tenir repliée sur elle-même.

La façon de combattre, dépourvue d'art et de science, que l'étude des croisades amène à reconnaître comme ayant été le propre des hommes d'armes français au Moyen Age, est amplement confirmée par les batailles de cette période. La France éprouve alors les grands désastres de Crécy en 1346, de Poitiers en 1356, d'Azincourt en 1415. Ces trois rencontres ont une physionomie commune. On est surpris qu'elles aient pu se répéter. Il a fallu des causes profondes pour qu'elles se soient produites ainsi en succession, sans que l'expérience de la première ait fait éviter les deux autres. Les croisades avaient idéalisé, pour le proposer à l'imitation des hommes du temps, le chevalier superbe par la force de son bras et son intrépidité. D'ailleurs le type du preux ne venait pas seulement des croisades, il s'était dégagé de toute la poésie de l'époque féodale et avait particulièrement été chanté dans l'immense cycle des poèmes de chevalerie, éclos en France au Moyen Age et qui ont été la première manifestation d'une littérature nationale. De telle sorte que, quand on a constaté la manière désordonnée où, dans les batailles des croisades et celles de la guerre de Cent Ans, se déchaîne le courage individuel, on comprend qu'on est là en face de la réapparition d'un vieil instinct qui a été en outre fortifié par l'embellissement que les poètes, pour l'avoir eux-mêmes senti, lui ont fait prendre.

Les trois batailles de Crécy, de Poitiers et d'Azincourt se ressemblent, par la manière de combattre des deux parts et par le résultat immanquable qui en découle. Les Anglais sont inférieurs en nombre, mais ils forment une armée disciplinée, composée mi-partie de cavalerie, mi-partie d'hommes de pied. Ils ont un chef qui agit d'après un plan initial, et qui, au cours de l'action, sait faire exécuter des mouvements d'ensemble à ses troupes. Dans les trois batailles, les Anglais, guidés par l'instinct qui leur enseigne que le summum d'avantages est pour eux obtenu lorsqu'ils reçoivent le choc, combattent sur la défensive. On voit ainsi qu'ayant passé la mer pour venir en France, ils ont eu la notion qu'ils tentaient une chose périlleuse et qu'ils s'y sont préparés, en se donnant une bonne organisation. Ils apportent déjà dans leur manière de faire la guerre une part certaine d'art et de science.

Devant eux les Français, supérieurs en nombre, se présentent à l'état de masses confuses. Personne ne commande. Les chefs, ou ceux qui devraient l'être, mettent leur honneur et leur joie à combattre au premier rang, pour frapper d'estoc et de taille. Le roi Jean sera pris à Poitiers, se battant en simple soldat, une hache à la main. Les armées françaises ne sont que des rassemblements de chevaliers appelés à l'improviste de tous les points du royaume, qui n'ont point, par conséquent de discipline et ne savent se prêter à aucun mouvement combiné. Leur pratique est de se jeter témérairement sur l'ennemi, dès qu'ils le rencontrent. A Crécy, il faut, pour le joindre, traverser des terrains détrempés par la pluie, où les chevaux perdent leur élan ; à Poitiers, il faut monter, par des chemins étroits, sur une côte rocailleuse. Dans ces conditions, la lourde cavalerie bardée de fer, contrariée par les obstacles, ne peut approcher les Anglais que déjà en désordre et abîmée par les flèches des arbalétriers. Alors le courage individuel, qui cherche à se satisfaire, devient inutile. La cavalerie repoussée ne forme plus qu'un pêle-mêle où, les chevaux morts et atteints, les hommes désarçonnés s'offrent aux coups de l'ennemi qui, s'avançant en bon ordre, n'a qu'à tuer et prendre une cohue impuissante.

On voit ainsi que l'idéal français guerrier du Moyen Age, le chevalier, le preux, frappant de son bras l'ennemi, devenait désastreux appliqué en grand sur le champ de bataille. C'était un mode d'action bon pour le combat irrégulier, les tournois, les rencontres de petits groupes d'hommes, mais ne pouvant conduire qu'à la déroute, en face d'ennemis disciplinés et capables d'agir avec ensemble. C'est pourquoi, pendant la guerre de Cent Ans, les Anglais ont paru si longtemps irrésistibles. Opposée à leur tactique et à leur science relatives, toute la furie de la chevalerie française venait s'épuiser en pure perte. Les Français devaient finir par vaincre, mais ce serait lorsqu'ayant perdu, à la suite de défaites répétées, la possibilité de reprendre la guerre des chevaliers et des grands seigneurs, ils en viendraient à leur tour à se discipliner. A ce moment, l'idéal dressé par les épopées du Moyen Age aurait en partie disparu, la guerre ne serait plus envisagée comme une passe d'armes héroïque, joyeuse, mais comme une lutte tragique, à poursuivre, pour délivrer le sol conquis et ruiné. Alors, en vue de telles fins, l'individu saurait se sacrifier, abandonner son plaisir propre et fondre sa personnalité dans la combinaison des masses.

Cette apparition de pratiques guerrières perfectionnées survient sous le règne de Charles VII. La guerre durait depuis longtemps. Le vrai roi de France, chassé de Paris, était restreint au pays au sud de la Loire. Il n'avait plus guère autour de lui de grands seigneurs et de feudataires, mais il lui restait un noyau de vétérans et de routiers expérimentés et assagis. Jeanne d'Arc survient, qui pénètre d'un esprit patriotique populaire et d'une confiance ardente les combattants nouveaux que l'on recrute. Les Français reprennent le dessus à partir de ce moment; ils laissent voir autant de tactique et d'assurance que l'ennemi. Ils ont une artillerie supérieure à celle des Anglais qui, les premiers, avaient amené à Crécy des canons sur un champ de bataille. Il n'y a plus seulement des hommes d'armes à cheval, l'infanterie est apparue.

Dans les conditions nouvelles où elle combat, la France se délivre donc de ceux qui l'avaient d'abord si complètement vaincue. En 1450, Charles VII recouvre la Normandie; en 1453, il regagne Bordeaux, la dernière ville qui restât aux Anglais, sauf Calais. Il meurt en 1461, maître en son entier du royaume de France. Le Moyen Age finit avec lui. Son fils Louis XI, qui règne de 1461 à 1483, inaugure l'ère moderne. Il voit succomber son grand rival le duc de Bourgogne, Charles le Téméraire, il peut réunir la Bourgogne à la couronne, il peut abattre les autres grands feudataires et il laisse à son fils Charles VIII, encore enfant, le royaume consolidé, relevé des ruines et de la misère causées par la guerre de Cent Ans.

Mais alors les Français, ayant retrouvé leur force, vont se jeter de nouveau hors de chez eux et recommencer à porter la guerre au loin. Cette fois ce sera l'Italie qui les attirera.

* * *

Charles VIII était monté sur le trône à l'âge de treize ans. Sa sœur, Anne de Beaujeu, gouverna sous son nom, comme régente, avec sagesse. Lorsqu'il fut sorti de tutelle et qu'il eut épousé Anne de Bretagne, son imagination se donna cours. De faible intelligence, incapable d'études sérieuses, il se complaisait surtout à la lecture des romans de chevalerie et des chroniques guerrières. « Or, dit Comines, l'an 1493 commença à faire sentir à ce jeune roi Charles VIII, âgé de vingt-deux ans, des fumées et gloires d'Italie. » Charles VIII, ainsi que son père Louis XI, tenait de la maison d'Anjou des droits sur le royaume de Naples. Louis XI, prudent et politique, s'était bien gardé de les faire valoir, mais son fils allait au contraire les mettre au service de ses penchants romanesques. Il va donc passer les Alpes, pour s'emparer du royaume de Naples, avec même la pensée d'aller plus loin, si les circonstances le permettaient, attaquer les Turcs à Constantinople et recommencer quelque chose comme les croisades.

Cette entreprise sur le royaume de Naples, au fond de l'Italie, était une chimère. C'était vouloir étendre la domination française dans une sphère où aucun établissement stable ne pouvait être obtenu. La France eût-elle été garantie, dans le moment, sur toutes ses frontières et en pleine disposition de ses forces, qu'une campagne en Italie fût toujours restée téméraire, destinée à finir par des déboires. Mais lorsqu'en 1494

Charles VIII va passer les Alpes, la France était ouverte et menacée sur sa frontière du nord. Les résultats obtenus par Charles VII et Louis XI, en se débarrassant des Anglais et des rivaux intérieurs comme le duc de Bourgogne, restaient disputés. Les Anglais possédaient toujours Calais, qui leur donnait un pied en France. Ils n'avaient nullement renoncé à y rentrer. Sous Louis XI, Édouard IV, débarqué à Calais avec une grande armée, s'était avancé jusqu'à Arras. Il avait fallu lui payer une forte indemnité pour le renvoyer. Le même fait allait se renouveler sous le règne même de Charles VIII. Maximilien d'Autriche, possesseur de la Flandre, plein de la rancune que lui causait le morcellement du domaine de sa femme Marie de Bourgogne, que les rois de France avaient effectué en s'emparant de la Bourgogne, demeurait un ennemi toujours prêt à s'allier aux Anglais. Le roi d'Espagne faisait lui-même cause commune avec eux. Mais Charles VIII, loin de tourner sa force vers le nord, pour y étendre, en politique, les frontières restreintes de la France, aveuglé par sa chimère d'Italie, fait au contraire les concessions les plus désastreuses à ses voisins, afin d'en obtenir la paix. Il s'engage à payer, en quinze ans, une somme de 750 mille écus d'or au roi d'Angleterre, Henri VII, qui a débarqué à Calais, pour le renvoyer. Il renonce à la suzeraineté sur l'Artois et la Franche-Comté, en faveur de Maximilien et abandonne le Roussillon à Ferdinand d'Espagne.

Enfin, libre de ses mouvements au prix de tels sacrifices, il descend en Italie par le mont Genèvre, avec 30.000 hommes. Dans l'état de division où se trouvaient les États et les princes italiens, une pareille force devait se montrer irrésistible; aussi Charles VIII s'avance-t-il sans rencontrer d'ennemis. C'était à qui profiterait de sa venue pour obtenir des avantages ou des faveurs. Il passe à Milan, à Florence, à Rome en triomphateur. Il entre dans le royaume de Naples. Le roi, son compétiteur, s'évanouit devant lui sans combattre. Charles VIII, arrivé à Naples, n'a qu'à s'asseoir sur le trône et qu'à répartir les commandements et les charges à ses partisans.

Cette extraordinaire fortune devait s'écrouler aussi rapidement qu'elle s'était élevée.

Les princes rivaux de la France, le roi d'Angleterre, Maximilien d'Autriche, inquiets de l'extension qu'elle a prise en Italie, se coalisent pour la faire rentrer dans ses limites. Ils entraînent avec eux ces mêmes princes et États italiens qui, les uns après les autres, avaient d'abord si bien accueilli les Français, mais qui, les voyant maintenant s'établir au milieu d'eux, regrettent de s'être donné des maîtres. Charles VIII ne pensait qu'à jouir de sa conquête, lorsque la nouvelle lui arrive de l'immense ligue formée contre lui. Il ne s'agit plus, dans ces circonstances de rester à Naples pour s'y laisser entourer et prendre. Charles VIII et son armée se mettent donc en retraite vers la France et, en route, trouvent l'armée des coalisés italiens postée près de Fornoue, sur le Taro, pour les arrêter. Ils la battent, s'ouvrent le passage et rentrent en France.

L'expédition d'Italie s'était accomplie comme un rêve. La plupart des historiens l'ont comparée à un roman de chevalerie. Tous l'ont sévèrement jugée, au point de vue politique. Tous ont reconnu qu'il était contraire à toute raison de détourner la France vers une semblable entreprise. Ce qu'elle avait eu en définitive de meilleur avait été sa fin rapide, permettant à l'armée envoyée au-delà des Alpes de revenir sur le sol natal, pour le protéger et le défendre.

* * *

Charles VIII mourut d'accident, en 1498, trois ans après son retour d'Italie. Louis XII, un collatéral, lui succéda. Il était alors âgé de trente-six ans et devait se faire aimer de son peuple, par sa manière paternelle de le gouverner. Or, cet homme d'âge et d'esprit rassis, qui différait complètement de son prédécesseur, va cependant se hâter de reprendre ses projets sur l'Italie. Il semble que l'esprit d'aventure, maintenant développé, demandait avec une telle force à se satisfaire qu'il aveuglât toute raison. Car, lorsque Charles VIII était une première fois parti pour l'Italie, il avait au moins dû passer outre aux remontrances de sa sœur, Anne de Beaujeu, et de ses meilleurs conseillers, qui jugeaient son entreprise téméraire, tandis qu'on ne voit pas que Louis XII ait eu à subir d'observations. L'échec de la première expédition, la versatilité, la fourberie des princes italiens maintenant connues, ne paraissent pas non plus avoir été considérées. Le roi et la noblesse sont éperdument dominés par le désir de s'en aller guerroyer au loin. Les circonstances sur la frontière du nord ne s'étaient d'ailleurs pas améliorées. Louis XII y trouvait les mêmes ennemis que son prédécesseur. Il lui faudrait à lui aussi leur faire de grandes concessions pour en obtenir la paix.

Louis XII n'entendait plus seulement faire valoir les droits que lui léguait Charles VIII sur le royaume de Naples, il y ajoutait ceux qu'il prétendait tenir de sa grand'mère Valentine Visconti sur le Milanais. Il poursuit donc le double but de s'emparer de Milan et de Naples. Les Français, entrant en Italie, se portent d'abord sur Milan, dont ils s'emparent. Le duc régnant, Ludovic Sforza, en est chassé. Il s'enfuit dans le Tyrol. Il revient bientôt attaquer Milan à la tête d'une armée de mercenaires suisses et allemands et s'y rétablit. Une nouvelle armée française, après avoir repris la ville, le fait prisonnier. Il est envoyé en France, où il restera détenu jusqu'à sa mort. La domination française se fait alors momentanément accepter dans le Milanais, grâce à la sage administration du cardinal Georges d'Amboise.

Louis XII pense maintenant à s'avancer plus au loin et à conquérir le royaume de Naples, mais les rois d'Espagne voulaient eux-mêmes s'en emparer. Louis XII, jugeant qu'il ne pourrait se l'assurer en opposition avec le roi qui le possédait et les Espagnols combinés, se contente d'un partage. Le roi de Naples, pris entre les Français et les Espagnols, après avoir abdiqué, vint vivre en France, où il reçut le duché du Maine. Mais les copartageants ne purent s'accorder ; bientôt ils en vinrent aux mains. Le vice-roi français, le duc de Nemours, fut vaincu et tué par les Espagnols à Cerignole, et le royaume fut perdu. Louis XII envoya une nouvelle armée pour le reprendre. Elle fut à son tour mise en déroute par les Espagnols, sur le Garigliano, et le royaume de Naples demeura définitivement perdu.

Cependant Louis XII conservait le Milanais. D'accord avec le pape Jules II, il noue une ligue signée à Cambrai, où entraient, avec le pape, le roi d'Espagne et Maximilien d'Autriche, pour attaquer la république de Venise, qui, par sa politique tortueuse, avait excité contre elle une hostilité générale. Louis XII, marchant en personne contre les Vénitiens, les battit à Agnadel. Les vaincus, dépouillés de leurs états de terre ferme, furent réduits à leur seule ville capitale de Venise.

Le pape Jules II avait bien voulu abaisser les Vénitiens et s'agrandir de certaines villes à leurs dépens, mais il ne prétendait nullement laisser les Français s'établir en Italie. Au moment où Venise semblait perdue, il fait la paix avec elle et entre en conflit avec Louis XII. Il l'excommunie. Louis XII réunit un concile à Pise pour déposer le pape. Le pape renoue alors contre Louis XII cette même ligue qu'il avait formée avec lui contre Venise et dans laquelle se retrouvent Ferdinand d'Espagne, Maximilien d'Autriche et le roi d'Angleterre.

Les Français font tête en Italie aux ennemis coalisés contre eux. Ils remportent une brillante victoire à Ravenne, mais le jeune général qui les avait fait vaincre, Gaston de Foix, est tué. Sa perte fut irréparable. Les .Suisses vinrent alors renforcer les troupes du pape et les Espagnols. Les Français perdent Milan. Ils se replient sur le Piémont et, après une dernière défaite subie à Novare, ils repassent de nouveau les Alpes et rentrent chez eux.

La ligue formée contre la France ne s'était pas bornée à l'attaquer en Italie. Sur la frontière du nord, toujours ouverte, les Anglais et Maximilien remportaient une victoire complète à Guinegate, où la chevalerie française prise de panique s'en était allée à franc étrier, ce qui fit prendre à la bataille le nom de journée des Éperons. Les Suisses, entrés en Bourgogne, arrivèrent jusqu'à Dijon. Ils ne se retirèrent qu'après avoir obtenu un traité avantageux. Louis XII dut faire amende honorable au pape pour le désarmer. Il désavoua le concile de Pise, qu'il avait réuni avec l'intention de le déposer. Il conclut ensuite la paix avec le roi d'Angleterre, Henri VIII qui obtint la ville de Tournay et une pension annuelle de 100.000 écus, pendant dix ans. Louis XII ne délivrait donc son royaume qu'au prix des plus grandes humiliations et des plus grands sacrifices. La guerre qu'il s'était acharné à poursuivre pendant près de quinze ans, au-delà des Alpes, s'était ainsi terminée par une régression, qui avait amené l'abandon forcé de l'Italie et une invasion de la France.

Louis XII, rentré en paix avec ses voisins en 1514, mourait le 1er janvier 1515.

* * *

François Ier monte sur le trône et, lui aussi, cherche à porter sa domination en Italie. Si jamais entreprise a été condamnée d'avance, c'était la sienne. Deux de ses prédécesseurs venaient d'échouer dans la voie où il entrait et de manières diverses: l'un, Charles VIII, après avoir d'abord réussi sans violence, comme paraissant satisfaire le désir même des Italiens; l'autre, Louis XII, en employant au contraire avec persistance la force des armes. Toutes les objections que le jugement de sang-froid avait pu d'avance suggérer, pour montrer que les tentatives de domination des Français en Italie étaient condamnées à échouer, avaient été confirmées par l'expérience. Il n'était plus permis de se leurrer. L'Italie, séparée de la France par la barrière des Alpes, ne pouvait être solidement tenue. Les armées qui y descendaient, se trouvaient sans base, exposées aux attaques de dos, et cela était surtout vrai, lorsqu'elles s'avançaient jusque dans le royaume de Naples. L'expérience venait aussi de prouver qu'il n'y avait aucun fond à faire sur les princes et États italiens; que tous, en pliant d'abord, ne pensaient qu'à écarter d'eux le péril ou qu'à s'assurer des avantages propres, mais que tous, depuis les Vénitiens jusqu'au Pape, ne se sentaient liés par aucun serment et que, dès que les circonstances leur paraissaient favorables, ils se retrouvaient unis contre l'envahisseur. A la fin de la guerre soutenue par Louis XII, on avait vu aussi un sentiment de haine, commun à tous les Italiens, se faire jour, dans le peuple, contre les Français et se manifester violemment. Quelle domination stable un roi de France pouvait-il, dans ces conditions, se promettre d'établir sur une part quelconque de l'Italie, alors surtout que la résistance nationale était soutenue du dehors par les Suisses et les Espagnols? Enfin, l'expérience était aussi venue prouver que les puissances voisines de la France refusaient de la laisser s'agrandir en Italie et que, pendant qu'elle y était occupée, elles étaient bien résolues à l'attaquer, ce qui leur était d'autant plus facile qu'elle restait toujours ouverte sur sa frontière du nord.

La moindre réflexion, la simple constatation des faits acquis, devait donc mener à reconnaître que toute nouvelle entreprise sur l'Italie était destinée à échouer aussi sûrement que les précédentes. Cependant, dès que François Ier règne, il s'empresse, lui aussi, de courir au delà des Alpes. C'est qu'en réalité la conquête, soit du royaume de Naples, soit du Milanais, ou de tous les deux, n'était point la raison unique ou même le mobile dominant qui mettait en action. Mais que quand le jeune Charles VIII, le premier, s'était élancé au loin, par delà le gain du territoire à réaliser, il avait été enflammé par la joie même de la tentative hardie, de la guerre poursuivie sur la terre riante d'Italie. Les deux appâts de l'entreprise, l'acquisition d'un territoire et le plaisir de l'aventure guerrière confondus, qui avaient agi d'abord sur Charles VIII, devaient continuer à agir sur Louis XII et encore plus sur le troisième, sur François Ier. Ce dernier avait en effet tout juste vingt ans, l'âge des illusions et des imprudences. Il était de haute stature, d'une grande force de corps, de tempérament bouillant et courageux. Il possédait ainsi les dons qui font le soldat, l'homme porté à aimer la guerre en elle-même, pour le plaisir qu'elle procure.

Dès qu'il est parvenu au trône, il réunit donc une armée de 40.000 hommes et, à la tête des grands seigneurs et de la chevalerie de son royaume, il passe les Alpes et s'avance sur Milan. Il avait pour alliés les Vénitiens et pour adversaires le Pape, les Suisses et les Espagnols. Il trouva les Suisses à Marignan qui lui barraient le chemin. Depuis leurs grandes victoires de Granson et de Morat, ils passaient presque pour invincibles. La chevalerie française les attaqua avec furie, comme antérieurement elle avait attaqué les Anglais, mais cette fois avec une meilleure fortune. Elle les obligea à reculer, après des charges répétées. Le roi, qui s'était battu au premier rang, avait reçu plusieurs coups dans son armure. La nuit venue, les armées restèrent en présence. Le combat recommença le lendemain matin. L'arrivée de l'armée vénitienne détermina enfin les Suisses à se mettre définitivement en retraite vers leurs montagnes.

La victoire procurait la conquête de Milan, mais les hauts faits accomplis, l'incomparable passe d'armes, semblent avoir de beaucoup dépassé, dans l'esprit des vainqueurs, pour les satisfaire, l'avantage du territoire obtenu. La bataille de Marignan a rempli d'une véritable ivresse la France de cette époque. Elle est restée du petit nombre de ces événements qui persistent de siècle en siècle dans le souvenir et, encore aujourd'hui, elle entoure d'une auréole le roi François Ier qui l'a gagnée. La chevalerie française avait eu enfin son grand triomphe, en combattant corps à corps, à la manière que toute la poésie du Moyen Age présentait comme l'idéal des paladins. François Ier, ayant fait ses preuves sur le champ de bataille, fut armé chevalier par Bayard, le Chevalier sans peur et sans reproche, qui a fourni, au cours des guerres d'Italie, le type idéalisé du preux, le premier partout à l'attaque et le dernier dans la retraite.

François Ier se montra cependant modéré. Satisfait de la possession du Milanais, il renonça, pour le moment, à pousser jusqu'au royaume de Naples. Il conclut un traité d'alliance solennel avec les Suisses, qui devait se perpétuer après lui. Il fit aussi la paix avec le pape Léon X et rentra en France, laissant l'Italie momentanément pacifiée.

Quelques années après, en 1519, l'empereur d'Allemagne Maximilien mourut. Le choix de son successeur devint pour la France d'une importance exceptionnelle. Les deux princes qui briguaient l'élection étaient François, roi de France, et Charles, roi d'Espagne. Ce dernier l'emporta. Cet événement mettait la France en grand désavantage. Charles V, roi d'Espagne, entourait la France par le Roussillon, la Franche-Comté, la Flandre et l'Artois; derrière ces territoires avancés, il possédait la Sicile, Naples et l'Autriche; en outre, il devenait maintenant empereur d'Allemagne. La France avait tout à redouter d'un aussi formidable voisin; et en effet, pendant tout son règne, elle sera constamment envahie et ne maintiendra son intégrité qu'au prix des plus grands efforts. Dans ces conditions, la persistance à vouloir s'étendre au delà des Alpes et à y détourner ses forces devenait une extraordinaire témérité. Mais, loin de se plier aux circonstances, François Ier devait s'acharner à son entreprise italienne, en courant tous les risques et en s'attirant des désastres répétés.

François Ier et Charles V entrèrent en guerre en 1521. Les Espagnols pénètrent en France, mais, arrêtés par la résistance heureuse de Mézières que défend Bayard, ils sont contraints de se retirer. Ils attaquaient en même temps le Milanais; Lautrec, qui l'occupait, battu à la Bicoque, repassa les Alpes après avoir abandonné Milan. Le gain obtenu par la victoire de Marignan s'était évanoui. Une fois encore les Français avaient perdu tout pied en Italie.

En 1523, la France est attaquée en même temps sur ses trois frontières : au sud-est vers Bayonne, à l'est par la Franche-Comté et au nord par la Flandre. Elle réussit à repousser les envahisseurs sur tous les points. Aussitôt François Ier se retourne vers l'Italie. Il y envoie une armée de 40.000 hommes sous les ordres de l'amiral Bonnivet. Brave soldat, mais pauvre général, il ne put parvenir jusqu'à Milan. Il fut défait sur la

Sesia. Bayard fut tué en protégeant la retraite, qui se transforma en une véritable déroute. Les restes de l'armée repassèrent les Alpes pour rentrer en France et, une fois de plus, la tentative d'occuper l'Italie avortait.

Le connétable de Bourbon, au service de Charles V et commandant son armée en Italie, passe à son tour les Alpes et envahit la Provence. Il ne put prendre Marseille, le pays se soulevait autour de lui. François Ier approchait avec une armée de secours. Il fut donc contraint de battre en retraite et d'abandonner la Provence. La France se trouva encore cette fois délivrée. François Ier, revenu si près de l'Italie, ne peut résister à la tentation d'y rentrer. Il repasse les Alpes et s'avance de nouveau jusqu'à Milan, dont il s'empare. Il met ensuite le siège devant Pavie. Il y était occupé lorsque Bourbon, qui a reformé lui aussi une grande armée pour le compte de Charles V, vient l'attaquer. François Ier veut recommencer la bataille de Marignan, en se comportant de nouveau en soldat. Mais sa fougue et celle de sa chevalerie viennent cette fois se briser en pure perte, contre des ennemis disciplinés et bien conduits. L'armée française fut presque tout entière détruite ou prise; François Ier lui-même, blessé, resta prisonnier.

Le désastre était grand; cependant, comme il survenait au loin, l'ennemi ne put guère en profiter. La mère du roi, Louise de Savoie, prit la régence. Le roi d'Angleterre Henri VIII, redoutant l'exagération de la puissance où s'était élevé Charles V, se détacha de lui, pour faire la paix avec la France et la soutenir. Le péril que créait la disparition du roi put donc être conjuré. François Ier détenu à Madrid supporta très mal sa captivité. Il tomba malade d'ennui et, pour se délivrer, consentit à toutes les exigences de Charles V. Il conclut la paix en lui cédant la Bourgogne, en renonçant à toutes ses prétentions sur Milan et Naples, à la suzeraineté sur l'Artois et la Flandre. Il n'avait signé un pareil traité qu'avec l'arrière-pensée qu'il ne serait point exécuté. Les États de Bourgogne réunis déclarèrent en effet que le roi n'avait pas le droit de céder une province du royaume et qu'ils refusaient de reconnaître Charles V. Celui-ci se vit donc frustré des avantages qu'il s'était promis, de la mainmise sur son rival.

La paix ne pouvait naturellement durer après de pareils événements. La guerre recommença en 1527. Alors, avec une obstination réellement aveugle, François Ier reprend ses projets sur l'Italie. Il n'y rentre cependant point en personne, mais il y renvoie Lautrec avec une grande armée, et non content, comme précédemment, de la conquête du Milanais, il reprend la grande aventure sur Naples. Lautrec, comme ses devanciers, s'empare d'abord du royaume de Naples, mais bientôt les alliés font défection, les maladies, la peste ruinent l'armée française, dont les restes battent en retraite sur les Alpes. Ce désastre devait être le dernier que les Français subiraient au cœur de l'Italie. Ils ne devaient plus y revenir. La force d'impulsion qui les avait portés à s'y jeter s'était épuisée à la fin sous le poids des échecs et des avortements. A deux reprises, François Ier, toujours en guerre avec Charles V, allait encore envoyer une armée au-delà des Alpes et le duc d'Enghien, en 1544, devait remporter à Cérisoles, en Piémont, une brillante victoire sur les Espagnols, qui lui donnait le pays. Mais les Français maintenant ne cherchaient point à pénétrer au loin, ils se contentaient de la possession du Piémont, qu'ils devaient garder quelques années.

De 1494, date de la première expédition de Charles VIII, à 1544, date de la dernière bataille livrée à Cérisoles, un demi-siècle s'était écoulé, pendant lequel trois rois de France s'étaient acharnés, sans ouvrir les yeux sur l'inanité de leur entreprise, à envoyer armée sur armée se fondre en Italie. Et cette terre d'apparence si riante, que la chevalerie française s'était efforcée de conquérir, n'avait été en définitive pour elle qu'un tombeau.

V

RICHELIEU ET LOUIS XIV

Quand on suit l'histoire de France depuis l'origine du royaume sous Charles le Chauve, on voit comme une sorte de rhythme y régner. A des époques de faiblesse, de guerres supportées sur le sol envahi ou de guerres civiles, succèdent des périodes de délivrance, de vigueur retrouvée, et alors la France se jette hors de chez elle et reporte la guerre au loin. C'est ainsi que la faiblesse des premiers temps féodaux a été suivie de l'exubérance de vie qui envoie, pendant cent soixante-dix ans, les guerriers au tombeau du Christ. C'est ainsi qu'après la longue et ruineuse guerre de Cent Ans un retour de vigueur se produit qui, pendant un demi-siècle, amène à envahir l'Italie.

L'impulsion qui avait porté à passer les Alpes s'était à peine épuisée, que bientôt les guerres de religion commencent. Pendant trente-deux ans, de 1562 à 1593, catholiques et protestants sont aux prises, causant une nouvelle prostration de la puissance nationale. Cependant les guerres de religion se sont aussi terminées. Henri IV est monté sur le trône, il a abjuré le protestantisme, il s'est converti au culte catholique que la nation a voulu conserver et a, en même temps, effectué la pacification religieuse, en conférant aux protestants, par l'édit de Nantes, la liberté de leur culte. Et alors on voit que la France, en paix chez elle, a recouvré une force qu'elle va de nouveau chercher à dépenser au dehors.

Henri IV méditait des conquêtes, lorsqu'il est assassiné. Son fils Louis XIII lui succède. C'était un homme fort ordinaire, mais qui, comme roi, a eu le sens de chercher la grandeur, qu'il ne pouvait tirer de lui-même, dans le génie d'un autre, auquel il abandonne la conduite de ses affaires. Louis XIII prend Richelieu pour ministre. Or, Richelieu, devenu maître au moment où la France est prête à se porter de nouveau hors de ses frontières, va, en effet, donner, une fois de plus, à ses armes un essor extérieur; mais avec lui le phénomène revêt un caractère jusqu'alors inconnu, le caractère politique. La

France ne se jettera plus au loin, à l'aventure; elle poursuivra, sous sa direction, des campagnes calculées, pour étendre son territoire, dans les limites que la nature lui a tracées et accroître sa force, selon ce que la raison lui permet.

Richelieu trouvait la France en possession de Calais, sur sa frontière du nord, et des trois évêchés, Toul, Metz et Verdun, sur celle du nord-est. Ces villes, qui avaient fait défaut pendant les guerres d'Italie, avaient été conquises sous le règne de Henri II. La France, malgré ce premier redressement de sa frontière, restait toujours entourée, en Artois, en Franche-Comté et en Roussillon, c'est-à-dire sur des terres lui appartenant géographiquement, par les Espagnols. La puissance formidable et quasi-universelle formée sous Charles V par la réunion, en une seule main, de la monarchie espagnole et de l'empire d'Allemagne n'existait plus. L'Espagne était passée aux descendants directs de Charles V, pendant que la couronne impériale, avec les États héréditaires d'Autriche, échéait à une autre branche. Mais, quoique dédoublées, l'Espagne et l'Autriche constituaient encore des puissances énormes, chacune dans sa sphère. L'intérêt évident de la France était de les réduire. C'est donc contre elles que Richelieu dirigera ses efforts.

Au moment où il arrive au ministère, en 1624,

il trouvait l'Allemagne en guerre sur elle-même. Catholiques et protestants y étaient aux prises : la guerre de Trente ans était engagée. L'empereur, chef de la maison d'Autriche représentant le parti catholique, arriva bientôt à être complètement victorieux. Wallenstein, à la tête des armées impériales, finit par écraser les princes protestants et, s'avançant jusqu'à la Baltique, menaçait de destruction complète le protestantisme. La maison d'Autriche eût alors absorbé l'Allemagne entière et reconstitué une puissance plus formidable que jamais. Richelieu, tout cardinal qu'il fût, n'hésite pas à prendre en main la cause protestante. Il appuie le roi de Suède Gustave-Adolphe, entré en Allemagne, qui s'était déjà signalé comme grand capitaine, contre les Danois et les Polonais. Il lui alloue des subsides et Gustave-Adolphe change la face des affaires. Il sauve la cause protestante par les deux victoires de Lutzen et de Leipzig, qu'il remporte sur les catholiques impériaux. Il est tué à Leipzig, et après sa mort ses troupes, en partie passées sous le commandement de Bernard de Saxe-Weimar, son lieutenant et son élève, sont prises à la solde de la France.

Richelieu a aussi engagé la lutte contre l'Espagne. Il a formé des armées qu'il dirige sur les diverses frontières et s'est assuré l'alliance de la

Hollande et la neutralité de l'Angleterre. Il conquiert ainsi l'Artois, qui couvre la frontière du nord, auparavant ouverte, et le Roussillon, qui porte le territoire à ses limites naturelles vers le sud. Il combat en Italie le duc de Savoie, allié de l'Angleterre. Mais, après l'avoir vaincu, il se garde bien de se lancer, comme autrefois, au cœur de l'Italie : il se contente d'acquérir Pignerol, adossé à la frontière, facile à tenir, qui assure le passage des Alpes. La Valteline, une des grandes vallées des Alpes lombardes, était disputée par les Suisses et la maison d'Autriche, maîtresse du Milanais. Richelieu prend le parti des Suisses, et une armée française, dirigée de concert avec leurs forces, leur assure la possession de ce petit pays. En 1639, Bernard de Saxe-Weimar, toujours à la solde de la France depuis la mort de Gustave-Adolphe, vint lui-même à mourir. Il s'était, en guerre contre la maison d'Autriche, emparé de l'Alsace, avec l'intention de s'y tailler une principauté. Richelieu se substitue à lui, occupe l'Alsace, et l'annexe.

Lorsque Richelieu meurt en 1642, après dix-huit ans de ministère, il laissait son œuvre tellement avancée et le caractère de sa politique si bien précisé, que son élève et successeur, Mazarin, n'avait qu'à continuer sur les lignes tracées. Mazarin, après la mort du roi Louis XIII, survenue quelques mois seulement après celle de Richelieu, était devenu le ministre d'Anne d'Autriche, régente pour son fils Louis XIV encore enfant. Il poursuit la guerre contre les Espagnols et, avec Turenne et Condé, remporte sur eux des victoires qui les contraignent enfin à la paix.

Les traités signés à Osnabrück et à Münster en 1648, qui prirent le nom de traités de Westphalie, et auxquels participèrent tous les grands États, allaient rester, pendant plus d'un siècle, le fondement des obligations internationales en Europe. Ils mettaient fin à la guerre de Trente ans, ils garantissaient les droits des princes protestants au sein de l'empire d'Allemagne, ils établissaient l'indépendance des provinces unies des Pays-Bas séparés de l'Espagne; ils reconnaissaient à la France l'Artois, le Roussillon et l'Alsace moins Strasbourg.

L'action militaire exercée par la France, à ce moment, a donc eu un caractère particulier qu'on ne lui avait pas vu auparavant et qu'elle ne devait non plus jamais montrer ensuite au même degré, le caractère politique. La guerre a été débarrassée par Richelieu des rêves, des témérités, du plaisir à trouver dans les expéditions lointaines. Elle n'a été qu'un moyen pour obtenir des fins précises. Aussi a-t-elle été contenue et ne s'est-elle pas déchaînée, comme pendant les croisades et les guerres d'Italie. Les guerriers sont alors asservis à l'homme d'État. Richelieu se servait de leur force, non seulement dans un intérêt purement français, mais aussi dans celui des Suisses, des protestants d'Allemagne, des Hollandais, lorsqu'il jugeait que la sécurité des faibles conduisait à un état général de l'Europe, qui pouvait être le meilleur pour la France. Par là, le but qu'il poursuivait d'un accroissement équilibré a pu être atteint. L'extension de territoire obtenue est restée acquise. Ayant trouvé l'Espagne et la maison d'Autriche encore prépondérantes en Europe, il les laissait toutes les deux réduites. La France avec lui s'était élevée à son tour au grand rôle, mais sans pousser sa domination jusqu'à prétendre exercer une suprématie absolue et universelle. Richelieu a réellement fait œuvre de grand politique, combinant la mesure avec la hardiesse, sachant, par prévision, faire la juste part aux autres, pour mettre ses propres conquêtes à l'abri des régressions et des vengeances. Il aura su, seul, disposer en dominateur de la force militaire française sans en abuser et il apparaît ainsi comme un homme à part dans sa nation.

Louis XIV avait vingt-trois ans, en 1661, à la mort de Mazarin. Il prend dès lors la direction de l'État. Il gouvernera par lui-même, en maître absolu, et toutes les décisions, jusqu'à la fin de son règne, partiront de lui. La monarchie française atteignant son épanouissement a trouvé en Louis XIV le type, on peut dire parfait, du monarque de droit divin. Il est majestueux de sa personne, il est de caractère et de manières nobles, il a une grande élévation de sentiments, il est, comme les Français de son temps, enclin à la galanterie et au commerce des femmes. Si, par les déhors, il donne l'idéal d'un roi, il le représente aussi, au fond, par sa manière de concevoir et de remplir sa fonction. Il travaillera tous les jours et toute sa vie avec ses ministres et recevra en audience, à l'infini, les hommes de guerre, d'église et les ambassadeurs. Il se tiendra instruit du détail des affaires, et, lorsqu'elles seront de longue durée, il les suivra sans en perdre la suite et le fil. Il a, jusqu'à la dernière heure, exercé consciencieusement son métier de roi. Il possédait, cela est certain, les dons que son rôle exigeait et, comme chef de peuple, il avait lumières et aptitudes autant que monarque de son temps. Mais par-dessous les qualités qui lui ont permis de régner avec grandeur, se montrent, à mesure que la prospérité se développe, d'énormes défauts, de véritables vices : un orgueil démesuré, un sentiment exagéré de sa puissance, des prétentions aveugles à une suprématie universelle. Et alors, comme conséquence, la facilité à se laisser aller à des guerres d'agression dangereuses, et à vouloir étendre sa domination au delà des bornes fixées par la raison et la justice. L'équilibre, qui s'est rencontré avec Richelieu entre les désirs et les moyens de les réaliser, n'existe plus.

Louis XIV, prenant le gouvernement, se trouvait en paix avec tous ses voisins. La France était alors en voie d'ascension. Les dernières victoires remportées sous Mazarin lui avaient fourni des armées aguerries et de grands généraux. Le roi allait avoir, en outre, pour le soutenir, des ministres supérieurs, Louvois à la Guerre, Colbert à la Marine et aux Finances. Il ne pouvait manquer, dans ces circonstances, de reprendre bientôt la guerre d'extension. La mort du roi d'Espagne, Philippe IV, survenue en 1665, lui en fournit le prétexte. Il allégua les droits de sa femme Marie-Thérèse, fille de Philippe IV, pour réclamer les provinces espagnoles limitrophes de la France, et, sur les refus de l'Espagne, il envahit la Flandre, y conquit Douai, Lille, Courtray, Furnes, Tournay, puis il entra dans la Franche-Comté et s'en empara. Cependant, les autres nations, la Hollande, l'Angleterre, la Suède, s'alarmèrent de l'extension que la France prenait aux dépens de l'Espagne affaiblie. Elles s'allièrent pour imposer leur médiation aux belligérants. La paix se fit en 1667, par un compromis. La France conserva ses conquêtes en Flandre et l'Espagne recouvra la Franche-Comté.

Les Hollandais avaient été les promoteurs de l'intervention qui était venue priver la France d'une part de ses conquêtes. Louis XIV avait de ce chef conservé contre eux une rancune, qui fut changée en inimitié ouverte, par la liberté avec laquelle leurs gazettes s'exprimaient sur son compte et aussi par certaines médailles injurieuses qu'ils auraient frappées. A ces causes d'irritation personnelle vinrent se joindre des conflits, nés de questions de tarifs et de règlements commerciaux. Louis XIV s'étant, par des subsides payés au roi Charles II d'Angleterre, assuré son alliance et s'étant ménagé le concours de l'évêque de Liège, contourne les Pays-Bas espagnols, passe avec son armée le long de la Meuse et du Rhin et attaque la Hollande, avec l'intention de la conquérir. L'entreprise était inique, impolitique et téméraire. La Hollande, séparée de la France par les Pays-Bas espagnols sur le cours inférieur du Rhin, se trouvait trop à l'écart pour que mainmise sérieuse pût être posée sur elle. La Hollande, quelques causes de conflits et d'inimitiés qui pussent exister passagèrement, n'était pas une ennemie naturelle.

Elle avait conquis son indépendance dans une lutte héroïque, qui avait été tout à l'avantage de la France, en affaiblissant l'Espagne au moment où elle dominait en Europe. En effet, la France, ayant vu dans les révoltés hollandais des auxiliaires, les avait encouragés, et Richelieu avait fait de leur alliance un des points fixes de sa politique extérieure. Tout à coup, pour des motifs secondaires ou d'irritation passagère, Louis XIV change de conduite à l'égard de la Hollande, renonce à la ligne de modération suivie depuis quarante ans et se jette à nouveau dans la guerre d'aventures, engagée sans prévision sur les risques courus.

Au moment où il l'attaque, en mai 1672, la Hollande, depuis longtemps en paix, ne possédait que des milices incapables d'opposer une résistance sérieuse. Les Français arrivent sur le Rhin, au delà de Wesel. Ils doivent le franchir pour joindre l'ennemi. Les eaux étaient basses. Le comte de Guiche qui a reconnu un endroit particulièrement peu profond, le déclare guéable. Il l'était à peine, et la cavalerie, qui s'est jetée dans le fleuve, le traverse en partie à la nage. Les Hollandais sur l'autre bord, décontenancés par cette irruption à la diable, se rendent après une faible résistance. Les Pays-Bas étaient ouverts.

Ce passage audacieux d'un fleuve célèbre

était de nature à frapper l'imagination. Il donnait à la guerre un aspect brillant et joyeux. L'armée en éprouva un véritable enivrement. La France tout entière s'en enthousiasma. Les magistrats de Paris ordonnèrent l'érection d'une porte triomphale au faubourg Saint-Denis. Louis XIV y est montré sur un bas-relief, donnant l'impulsion aux escadrons qui plongent dans le Rhin. Un bas-relief analogue orna le piédestal de sa statue sur la place des Victoires. Le passage du Rhin fut en outre représenté à l'infini par la peinture et la gravure. Boileau l'a célébré en vers dithyrambiques et Bossuet l'a exalté dans ses oraisons funèbres.

Lorsque les Français eurent traversé le Rhin, ils s'avancèrent sans rencontrer de résistance. Les provinces de Gueldre, d'Over-Yssel, d'Utrech se soumirent. Le pays entier semblait à leur merci, quand les Hollandais, pour se sauver, recoururent à un moyen héroïque. Ils percèrent leurs digues et mirent la campagne sous l'eau. Ils s'infligeaient par là de terribles dommages : ils perdirent leurs bestiaux en nombre immense ; mais les Français furent arrêtés. Amsterdam, la capitale, leur échappa au moment où ils allaient s'en emparer. Bientôt ils durent reculer, ne pouvant se maintenir dans un pays inondé. La Hollande était sauvée.

Cependant cette tentative avortée, par delà l'échec militaire en lui-même, qui ne pouvait être très grave, allait avoir des conséquences politiques désastreuses, qui pèseraient sur Louis XIV jusqu'à la fin de son règne. Les Hollandais, dans l'extrémité du péril, modifièrent leur gouvernement, pour lui donner une force de combat. De républicain qu'il était, ils en firent une sorte de dictature, en mettant à sa tête, sous le titre stathouder, Guillaume d'Orange, le descendant de ces princes d'Orange qui, à l'époque où les Pays-Bas s'étaient d'abord insurgés contre l'Espagne, avaient commandé leurs armées. Guillaume était un politique et un guerrier supérieur. La Hollande va se transformer, entre ses mains, de pays neutre en place forte ennemie, où sera le nœud de résistance à la France. Il créera une armée qu'il conduira lui-même et qu'il maintiendra en campagne avec obstination, malgré les défaites qu'elle pourra subir. Mais, encore plus redoutable sur le terrain politique que sur le champ de bataille, il se déclare l'ennemi implacable de Louis XIV; il se dresse en face de lui comme un rival personnel, comme le champion du protestantisme contre le roi catholique. Il s'emploiera ainsi, sans relâche, avec succès, à soulever l'Europe et à la tenir coalisée contre la France.

Guillaume d'Orange, aussitôt élevé au stathoudérat, trouvait des défenseurs à la Hollande. En 1673, il forme l'alliance de la Haye, dans laquelle entrent, avec la Hollande, l'Espagne, l'Empereur et des princes de la ligue du Rhin. C'était une première coalition de l'Europe. La France était alors dans une plénitude de force, avec des armées qui, ayant à leur tête Turenne et Condé, étaient comme invincibles. Louis XIV, abandonnant ses projets irréalisables contre la Hollande, se retourne sur les Espagnols et porte son principal effort en Franche-Comté. Il la conquiert en 1674. Pendant ce temps, Turenne défendait avec succès l'Alsace contre les Impériaux, et Condé, sur la frontière du nord, repoussait les Espagnols et les Hollandais, commandés par Guillaume d'Orange et les battait à Seneffe. Turenne, ayant été tué, et Condé, par l'âge et les infirmités ayant abandonné le service, furent remplacés par Créqui et Luxembourg. Créqui continua à repousser les Impériaux sur le Rhin, et Luxembourg fut vainqueur à son tour des Hollandais et des Espagnols à Cassel, en 1677. Les victoires de Flandre permirent à la France d'étendre à nouveau son territoire sur cette frontière, qui était son véritable domaine et où elle était encore resserrée. Elle s'empare ainsi de Cambrai, Valenciennes et Maubeuge.

Cependant, si la France avait été attaquée de

tous côtés sur terre, elle avait joui de l'alliance de l'Angleterre que Charles II lui maintenait. Mais Guillaume d'Orange se mit à travailler aussi l'Angleterre. Il obtint en mariage la princesse Marie, la nièce du roi, et à la fin celui-ci, pressé d'une manière irrésistible par l'opinion de son pays, dut abandonner le parti de la France et adhérer à la coalition. La défection de l'Angleterre, qui allait fermer la mer, détermina Louis XIV à traiter. La paix fut signée à Nimègue en 1778. Elle se fit surtout aux dépens de l'Espagne, qui céda la Franche-Comté et les villes perdues par elle en Flandre. Ainsi la France sortait agrandie de la guerre que, pendant cinq ans, elle avait dû soutenir contre une formidable coalition. Elle avait tenu tête à tous ses ennemis, les avait repoussés et en avait définitivement obtenu une extension de territoire. Aussi la paix de Nimègue marque-t-elle l'apogée du règne de Louis XIV. En pesant la résistance qu'elle venait de rencontrer, la France ne pouvait évidemment se promettre, sans courir d'immenses risques, de braver à nouveau l'Europe. Le sens politique, s'il eût existé, eût donc amené alors à se contenir et à ménager les autres, pour éviter le renouvellement de la coalition dont on avait par bonheur triomphé. Mais la notion de balance et d'équilibre n'existait plus : l'invasion de la Hollande l'avait d'abord montré et toute la conduite qui allait suivre devait encore mieux le prouver.

La paix conclue d'une manière triomphante excita au dernier degré l'orgueil de Louis XIV et l'enthousiasme de sa cour et de son peuple. Les magistrats de Paris lui décernent le titre de Grand, qu'il portera désormais dans son royaume, et l'inscrivent sur les arcs de triomphe qu'ils lui élèvent. Déjà il avait pris lui-même pour emblème un soleil dardant ses rayons, avec la devise *Nec pluribus impar*. A ce moment, il apparaît comme un être à part au milieu des humains. Il a, dès le premier jour, régné en maître absolu; mais les succès qu'il a remportés ont tellement fasciné sa cour, qu'une sorte d'anéantissement des volontés s'est faite autour de lui et qu'une atmosphère de louanges et d'adulation règne dans la France entière pour l'enivrer. La monarchie de Louis XIV développe donc à ce moment la forme de domination agressive et d'ingérence universelle, qu'elle portait en germe. Le roi se conduit comme ne connaissant plus d'égaux, dans ses relations au dehors. Et à l'intérieur il porte ses prétentions jusqu'à vouloir adapter tous les caractères à son image et façonner les croyances selon son propre modèle.

La paix conclue, il empiète sur ses voisins.

Le traité de Nimègue lui avait reconnu un certain nombre de villes et de territoires *avec leurs dépendances.* Sous prétexte d'établir en quoi consistaient ces dernières, des Chambres dites de réunion vont rechercher les villes et les territoires à annexer. Les princes qui les possédaient avant la paix durent comparaître par leurs représentants devant ces Chambres, pour y défendre leurs droits, en opposition à ceux qu'élevait la France, et lui reconnaître ainsi une sorte d'autorité supérieure. Dans ces circonstances, les décisions de ces sortes de tribunaux, appuyées sur la force, donnèrent plus de vingt villes nouvelles, parmi lesquelles se trouvaient Strasbourg, Luxembourg, Sarrebruck, Montbéliard. Louis XIV élève des prétentions sur une terre de l'Empire, le Palatinat, comme héritage de sa belle-sœur, la femme du duc d'Orléans, et il achète Casal qui, après Pignerol, lui donne une seconde place au delà des Alpes.

A l'intérieur, l'extension de l'omnipotence royale se montrait avec encore plus d'outrance. Louis XIV révoquait en 1685 l'édit de Nantes, par lequel son aïeul Henri IV avait solennellement accordé la libre pratique de leur culte aux protestants. Cet acte de pacification, qui avait mis fin aux guerres de religion, avait été respecté par Richelieu et par Mazarin. Richelieu avait combattu les protestants sur le terrain politique et, leur trouvant une force à part dans l'État qu'il jugeait nuisible, il l'avait abattue, mais il avait eu soin, sur le terrain religieux, de leur laisser les droits qu'ils tenaient de l'édit de Nantes, et, après lui, Mazarin avait agi de même. Louis XIV attaque maintenant les protestants dans l'exercice même de leur culte, par un acte d'inique agression, que leur conduite ne motivait nullement. Ils n'étaient dans le pays qu'une faible minorité, ils avaient perdu toute force de propagande, à côté du catholicisme resté dominateur de par l'esprit de la nation; ils s'adonnaient surtout à l'industrie et au négoce et, pacifiques, contribuaient excellemment à la prospérité du royaume. Mais ils formaient une Église à part de celle du monarque, et celui-ci a fini, dans la voie d'omnipotence où il s'est engagé, par trouver insupportable que ses sujets ne se conformassent pas tous à ses pratiques et pussent avoir des croyances autres que les siennes.

Cependant il ne faudrait pas aller jusqu'à penser que la révocation de l'édit de Nantes soit venue du pur arbitraire de Louis XIV. L'acte a été préparé par les excitations du clergé catholique, qui ne pouvait se résigner au maintien d'un culte dissident. Il a été amené par l'action que le catholicisme a exercée sur un roi catholique, pour l'encourager dans le développement de son pouvoir absolu, que l'Église pût ensuite tourner elle-même à son profit. La révocation de l'édit de Nantes a donc été l'aboutissant du travail que le roi et le clergé ont fait de concert, dans le but de s'agrandir mutuellement et de dominer l'un par l'autre. Aussi la mesure a-t-elle été approuvée à la cour et, on peut dire, dans la France entière, qui était alors pleinement catholique. La révocation de l'édit de Nantes devait avoir des conséquences néfastes. Les protestants persécutés sortirent au nombre de deux cent mille du royaume, portant au dehors les connaissances industrielles et commerciales dont ils avaient une sorte de monopole. L'étranger s'enrichit de leur venue, pendant que la France perdait un de ses éléments principaux de production. La persécution allait s'étendre du protestantisme à toute dissidence, à ces fidèles qui, sans sortir du catholicisme, s'écartaient cependant de la stricte orthodoxie, comme les jansénistes et les quiétistes.

Louis XIV, après s'être fait le champion du catholicisme intolérant à l'intérieur, allait aussi s'en faire le champion au dehors. Il entre en alliance étroite avec Jacques II, roi d'Angleterre, qui, comme catholique, répugnait à la majorité du peuple anglais protestant. Il aura la prétention de le soutenir, par une immixtion dans les affaires anglaises, contre la révolte de ses sujets. Ainsi, dans une voie d'ascension sans frein vers l'omnipotence, la monarchie de Louis XIV prenait ces mêmes traits que la maison d'Autriche à son apogée, unie avec l'Espagne, avait laissés voir sous Charles V. C'est la même ambition d'un roi de droit divin, appuyé sur l'Église catholique, d'établir une domination qui, au dehors, s'étend sans reconnaître d'égaux et, à l'intérieur, veut imposer l'unité de foi, en extirpant l'hérésie et les dissidences. La monarchie envahissante et dominatrice, intolérante et persécutrice, que la France avait combattue lorsqu'elle l'avait vue agir contre elle en Autriche et en Espagne et qu'elle avait réduite pour le bien général, elle la rétablissait à son usage. C'était un renversement complet de la conduite du point de départ, alors que Richelieu avait soutenu les petits États, les protestants, les persécutés pour se maintenir avec eux des droits contre une puissance menaçante. Et comme la France montrait maintenant à l'Europe ce même absolutisme qu'elle l'avait ailleurs invitée à détruire, l'Europe ne pouvait manquer de se coaliser contre elle, pour la vaincre à son tour et la réduire.

Les puissances européennes qui s'étaient une première fois entendues pour se protéger contre l'ambition de Louis XIV, en face de son orgueil grandissant, s'unirent de nouveau sous l'impulsion du prince d'Orange. Une ligue fut conclue à Augsbourg le 9 juillet 1686, où entrèrent la Hollande, l'Empire, l'Espagne et à laquelle adhéra ensuite le duc de Savoie. La ligue se maintint d'abord secrète, se réservant de faire la guerre lorsque le moment opportun serait venu. Son action allait être décidée par l'accession de l'Angleterre. Lorsque Guillaume d'Orange avait épousé la princesse Marie d'Angleterre, protestante, il avait pu, par l'influence que lui donnait ce mariage, détacher le roi Charles II de l'alliance de Louis XIV et l'amener à se joindre à la coalition, ce qui avait contraint la France à conclure la paix de Nimègue. Charles II étant mort sans enfants, son frère Jacques II, père de la princesse Marie, lui succéda. Devenu veuf, il épousa en secondes noces une princesse catholique et se convertit lui-même au catholicisme. Le prince d'Orange avait réussi à détacher Charles II, qui était protestant, du parti de la France; mais lorsque Louis XIV se fut fait partout le défenseur du catholicisme, il devint évident que Jacques II, catholique, menacé par les protestants d'Angleterre, n'abandonnerait à aucun prix l'alliance du roi, dont l'appui lui devenait nécessaire pour se maintenir. Guillaume d'Orange comme petit-fils, par sa mère, de Jacques Ier et se prévalant en outre de la naissance de sa femme, fille du roi, prend alors en main la cause protestante en Angleterre. Il y débarque en 1688, avec une armée. Il détrône son beau-père et installe une dynastie protestante, à la place de la dynastie catholique, que Jacques II avait voulu établir. Du même coup l'Angleterre, repoussant l'alliance française, adhérait à la ligue d'Augsbourg.

Lorsque les coalisés furent renforcés de l'Angleterre, ils déclarèrent la guerre en 1689. Louis XIV chercha d'abord à regagner l'Angleterre, en y rétablissant Jacques II. Une flotte française lui porta un corps de troupes, des armes et des munitions en Irlande, où il avait levé une armée et comprimé le parti protestant. Mais le prince d'Orange, devenu roi d'Angleterre sous le nom de Guillaume III, le vainquit complètement sur la Boyne, en juillet 1690. Jacques II, dépouillé de sa dernière terre, se réfugia en France, où Louis XIV continua à le traiter en roi. Louis XIV voulut alors tenter directement une descente en Angleterre et il rassembla à cet effet un corps d'armée près de Cherbourg. Pour en faciliter le passage, la flotte française, commandée par Tourville, alla rencontrer les flottes combinées de l'Angleterre et de la Hollande et leur livra bataille près de la Hogue. Elle fut défaite par un ennemi fort supérieur en nombre, et presque entièrement détruite.

Louis XIV eut donc désormais à combattre les mêmes puissances qu'auparavant, mais cette fois après avoir vu se fermer la mer et l'Angleterre en plus prendre parti contre lui.

La France fit de nouveau tête de tous côtés. Les trois grands champs de bataille devaient être sur le Rhin, où l'on rencontrait les Impériaux ; en Flandre, où combattaient les Hollandais et les Espagnols réunis, et sur les Alpes, où se trouvait le duc de Savoie. Une armée, commandée par le Dauphin, en réalité par le maréchal de Duras, s'avança d'abord le long du Rhin et conquit le Palatinat. Mais on renonça à s'étendre de ce côté, pour pouvoir mieux prendre l'offensive en Flandre et en Piémont ; on se décida donc à se replier sur l'Alsace. Louvois, ne voulant laisser aux Impériaux, dans le Palatinat, qu'un désert où il leur serait impossible de vivre, ordonna de le dévaster. Les campagnes furent incendiées, les villes furent détruites, Spire devint un monceau de décombres, Manheim vit les pierres dont elle était bâtie jetées dans le Rhin ; même, au delà du fleuve, Heidelberg et son château furent démolis. Les habitants chassés durent se réfugier dans les pays allemands voisins. L'incendie du Palatinat a été, après l'invasion de la Hollande et la révocation de l'édit de Nantes, le troisième crime du règne de Louis XIV, et, cette fois encore, le crime devait porter après lui son châtiment. Le souvenir de ce forfait ne s'est jamais perdu en Allemagne. Il a été rappelé, en toute occasion, pour entretenir les rancunes et servir d'excuse aux vengeances que l'Allemagne a pu exercer à son tour contre la France.

Louis XIV porta la guerre au delà des Alpes chez le duc de Savoie. Catinat vainquit l'armée du duc en 1690, à Staffarde, près de Saluces. Une armée d'Impériaux, amenée par le prince Eugène qui commençait à se faire connaître, obligea alors Catinat à se replier sur le Dauphiné et le comté de Nice, qui furent momentanément envahis. Catinat, rentré en Piémont en 1693, vainquit de nouveau le duc de Savoie à la Marsaille. On lui retira alors une partie de ses troupes et il resta sur ses positions, sans pouvoir s'avancer jusqu'à Turin.

C'est sur la frontière du nord, vers la Flandre et le Hainaut, que Louis XIV avait porté sa plus grande armée, avec son meilleur général, Luxembourg, et c'est de ce côté qu'il espérait pouvoir de nouveau s'étendre. Luxembourg et le prince d'Orange, devenu roi d'Angleterre, y combattirent pendant cinq ans, de 1690 à 1695. Ils livrèrent en succession les batailles de Fleurus, de Steinkerque et de Neerwinden, toutes gagnées par Luxembourg. La bataille de Steinkerque fut un de ces événements, comme le passage du Rhin, qui venaient montrer quel plaisir intense le peuple retirait des faits de guerre brillants. Guillaume d'Orange, ayant découvert un espion de Luxembourg dans son entourage, le força à lui écrire une lettre. Elle contenait de faux avis, qui permirent le lendemain à Guillaume de surprendre l'armée française et de la mettre d'abord dans le dernier péril. Il fallut, de la part de Luxembourg, toute sa supériorité de coup d'œil, et, de la part de ses troupes, des efforts répétés, pour ne pas succomber. La victoire fut enfin arrachée par des prodiges de valeur, que firent les troupes d'élite de la maison du roi, ayant à leur tête les princes du sang. Cette bataille gagnée dans des circonstances aussi difficiles, par un déploiement de valeur individuelle qui rappelait les anciens faits d'armes de la chevalerie, causa un enthousiasme allant jusqu'à la démence. Les princes, s'en retournant à Paris, trouvaient les chemins par où ils passaient bordés du peuple accouru pour les acclamer. Les princes et les officiers appelés à l'improviste au combat, s'y étaient précipités, en nouant au hasard les larges cravates de dentelle que l'on portait alors ; la mode se répandit tout de suite d'arranger de même négligemment les cravates des hommes et les fichus des femmes, qui s'appelèrent après cela des steinkerques.

Les victoires de Steinkerque et de Neerwinden furent les dernières de Luxembourg, qui mourut bientôt après. Villeroy, son successeur, général incapable, non seulement ne sut rien faire, mais laissa Guillaume d'Orange reprendre Namur que l'on avait conquis. La guerre durait depuis huit ans ; tous étaient épuisés. La paix fut donc conclue à Ryswyk en octobre 1697. Elle ne marquait plus pour Louis XIV un triomphe, comme celle de Nimègue. Il en sortait plutôt diminué. Il avait consenti à rendre au duc de Savoie, pour le détacher le premier de la coalition et faciliter la paix avec les autres, non seulement le pays récemment conquis en Piémont, mais Pignerol que la France possédait depuis longtemps. Il reconnaissait Guillaume comme roi d'Angleterre. Il rendait aux coalisés les conquêtes qu'il avait pu faire sur eux. Il ne conservait que Strasbourg, Landau, Longwy et Sarrelouis des villes qu'il avait réunies après le traité de Nimègue. Il permettait aux Hollandais de tenir garnison dans les places des Pays-Bas espagnols. En résumé, la France avait encore pu résister à une seconde coalition de l'Europe, mais alors que contre la première elle avait partout gagné du terrain, contre la seconde elle s'était tout juste maintenue et, pour obtenir la paix, avait dû se résigner à des sacrifices. Il était évident qu'à la fin la

France s'affaiblissait et que, quelle que fût sa supériorité contre chacune des autres puissances, elles devaient toutes ensemble finir par la réduire, surtout depuis qu'à celles qui l'entouraient sur les frontières de terre était venue se joindre l'Angleterre pour fermer la mer.

*
* *

Le roi d'Espagne Charles II mourut en novembre 1700, trois ans après la paix signée à Ryswyk. Il avait eu à choisir comme héritier entre un archiduc autrichien et un prince français et, dans le désir de maintenir l'intégrité de sa monarchie et avec la pensée que Louis XIV, par sa prépondérance en Europe, était le mieux à même de l'assurer, il avait choisi son second fils, le duc d'Anjou, pour lui léguer la totalité des États espagnols. Louis XIV devait-il accepter le testament ou le refuser ? En le refusant, il laissait un archiduc autrichien régner en Espagne, ce qui était un danger ; mais, en l'acceptant, il rentrait en guerre avec toute l'Europe, ce qui en était un plus grand. Le mieux eût été d'arriver à maintenir la paix, par un partage des possessions espagnoles, du consentement des autres puissances. Dans ces idées de sagesse, deux traités avaient été successivement conclus, avant la mort du roi d'Espagne par Louis XIV, avec l'Angleterre et la Hollande, et le dernier était toujours valable. Louis XIV, lorsqu'il les avait négociés, ne pensait point que le roi d'Espagne désignerait son petit-fils pour lui succéder ; alors, désireux de se garantir une part et aussi d'éviter une nouvelle guerre, il avait consenti à restreindre ses prétentions. Mais, lorsque la décision du roi Charles II fut venue tout à coup ouvrir à la maison de Bourbon la perspective d'une couronne de plus, avec d'immenses dépendances, la tentation fut trop forte. Louis XIV ne pensa plus au partage, il passa outre aux appréhensions et accepta le testament.

Ici, du reste, comme dans les autres occasions où il a donné cours à son ambition, il ne faudrait pas croire qu'il se soit décidé par des sentiments purement personnels et qu'il ait méconnu les idées de sa cour et de son peuple. Le conseil où l'on décida la résolution à prendre au sujet du testament se composa, outre le roi, de quatre personnes : le Dauphin, le duc de Beauvilliers, gouverneur des enfants de France, le chancelier de Pontchartrain et le ministre des Affaires Étrangères, de Torcy. Les conseillers se partagèrent ; deux furent d'avis d'accepter, deux de refuser. Le roi laissa se produire les opinions sans émettre la sienne. Ce ne fut qu'après trois jours de réflexion qu'il prit son parti et qu'à la cour il présenta son petit-fils, le duc d'Anjou, comme roi d'Espagne. Pendant le temps que le roi avait mis à réfléchir, on avait appris la nouvelle. Saint-Simon, témoin sur les lieux, dit expressément : Le courtisan ne s'occupait qu'à raisonner et presque tous allaient à l'acceptation. » Saint-Simon dit encore : « Comme on ne parlait d'autre chose que du parti qu'il y avait à prendre, le roi se divertit un soir à en demander leur avis aux princesses. Elles répondirent que c'était d'envoyer promptement M. le duc d'Anjou en Espagne et que c'était le sentiment général, par tout ce qu'elles en entendaient dire à tout le monde. »

Louis XIV accepta donc l'héritage de Charles II pour son petit-fils et se reprit ainsi à braver l'Europe. Trois ans après s'être tiré d'une seconde guerre avec elle, il se conduisait de manière à en amener une troisième. Cependant la seconde avait déjà profondément atteint les ressources et les forces de la France, et on eût pu penser qu'elle ne pouvait, sans s'épuiser, combattre indéfiniment tous ses voisins réunis. C'est là une vue qui frappe aujourd'hui par son évidence ; mais Louis XIV et ses contemporains ne l'ont point eue en réalité. L'entreprise d'établir une monarchie dominatrice et de braver pour la troisième fois l'Europe, qui paraît à l'historien d'une témérité extrême, n'a pas semblé telle alors. Louis XIV et les Français de son temps, éblouis par leurs longues victoires, en étaient venus à se croire réellement supérieurs à tous les peuples. La France vivait alors dans une atmosphère de louanges, de confiance en soi, disons d'orgueil et de superbe, qui l'empêchait d'appréhender qu'elle pût subir des revers. Les arts, la poésie, l'éloquence s'étaient consacrés à embellir et à exagérer encore la grandeur obtenue, et on n'eût pu se résigner à croire qu'elle ne fût pas normale et définitive. C'est ainsi que Louis XIV, sans sentir de résistance se produire autour de lui, a pu se jeter dans la plus téméraire des entreprises et que lui et son peuple ont passé, en aveugles, des jours heureux qu'ils venaient de traverser à la période de ruine qui devait clore le règne.

En acceptant le testament du roi d'Espagne, on était certain d'avoir pour première ennemie l'Autriche, qui voyait l'héritage qu'elle s'était promis lui échapper. La sagesse eût consisté à faire en sorte de la tenir isolée et d'apaiser les autres. Mais, loin de se contenir, Louis XIV se laisse aller partout à son esprit de domination. Il chasse les Hollandais des places où ils tenaient garnison dans les Pays-Bas espagnols, selon le traité de Ryswyk, et il les remplace par des troupes françaises. Comme il avait déjà déchiré le traité de partage de la monarchie espagnole conclu avec eux, il se trouvait ainsi rompre tous ses engagements. Le roi détrôné Jacques II étant mort, Louis XIV continue à traiter son fils en roi. C'était encore méconnaître une des clauses du traité de Ryswyk, par laquelle la France avait reconnu Guillaume III comme roi d'Angleterre. Louis XIV montrait donc la volonté persistante de soutenir en Angleterre le parti catholique vaincu. Il fournissait ainsi des armes à Guillaume III, pour entraîner de nouveau l'Angleterre dans la coalition des puissances continentales contre la France. Enfin, il n'a point la prudence de déclarer que le duc d'Anjou, en prenant la couronne d'Espagne, renoncerait à tous ses droits sur celle de France, de manière à ce que les deux ne pussent jamais être réunies. Il lui conserve au contraire, par lettres patentes, son rang d'hérédité en France, après son frère aîné le duc de Bourgogne. Il laisse ainsi entrevoir à l'Europe la perspective d'une monarchie réellement démesurée, étendue aux deux royaumes de France et d'Espagne.

Dans ces circonstances, il devenait facile à Guillaume III, qui avait déjà formé deux coalitions contre la France, d'en nouer une troisième.

Celle-ci, connue sous le nom de grande ligue de la Haye, conclue en septembre 1701, comprit d'abord l'Autriche, l'Empire, la Hollande, l'Angleterre; plus tard le Portugal et le duc de Savoie devaient s'y joindre. L'Espagne jusqu'à ce jour s'était tournée contre la France, qui maintenant allait être de son côté; mais elle était tellement affaiblie et en déclin, qu'elle ne pouvait offrir de secours véritable et devrait au contraire en demander. La France n'aura donc d'allié capable de lui donner un appui réel, par sa position en Allemagne, que l'électeur de Bavière. La guerre s'engagea en 1701.

La France, ayant entrepris de conserver l'intégrité de la monarchie espagnole, se voyait amenée à prendre position hors de ses frontières, dans les Pays-Bas espagnols, au nord, et dans le Milanais, en Italie. La guerre commença sur ces deux points. Pendant trois ans, les hostilités se poursuivirent sans actions décisives de part et d'autre, mais les armes françaises furent plutôt heureuses. En 1704, la France se trouvait donc loin de chez elle, dans les Pays-Bas espagnols, tenant tête aux Anglais et aux Hollandais, sur le Danube, en Bavière, alliée avec l'électeur combattant les Impériaux, en Lombardie, contenant encore les Impériaux, renforcés du duc de Savoie. Ce prince, que Louis XIV avait cherché à s'assurer en lui rendant Pignerol et en faisant épouser sa fille Adélaïde au duc de Bourgogne, s'était, selon les traditions de sa maison, retourné contre la France dès qu'il n'avait plus rien eu à attendre d'elle, pour obtenir de nouveaux avantages avec l'appui de l'Autriche. La situation était risquée; mais, rassurés par les victoires passées et par la manière plutôt heureuse dont la nouvelle lutte s'était engagée, aucune crainte de revers ne se présentait à l'esprit. Cependant le moment où la prépondérance militaire et la domination au dehors allaient s'écrouler était venu.

Les Français, commandés par Marsin et Tallard, occupaient la Bavière, combinés avec les troupes de l'électeur. Ils menaçaient Vienne, mais ils se trouvaient ainsi fort aventurés. Marlborough part des Pays-Bas avec une partie des Anglo-Bataves, laissant assez de troupes pour y occuper Villeroy, et le prince Eugène part également d'Italie, en chargeant le duc de Savoie de maintenir à sa place les Français. Réunis sur le Danube, ils viennent attaquer à Hochsted, le 13 août 1704, Tallard et Marsin, qui subissent un désastre complet. Tallard fut pris avec toute l'aile de l'armée qu'il commandait; Marsin repassa le Danube, abandonnant, dans un village, dix-huit bataillons qui durent se rendre. Il se replia à la hâte sur l'Alsace avec un débris d'armée. La Bavière et cent lieues de pays en arrière furent perdues. Le désastre imprévu d'Hochsted vint frapper Louis XIV et la France de stupeur. Il montrait qu'un changement profond était survenu. Le génie militaire, que l'on avait possédé avec Condé, Turenne et Luxembourg, était maintenant du côté des ennemis, avec Marlborough et le prince Eugène. Guillaume III était mort en 1701, juste après avoir formé la coalition; mais Louis XIV, qui s'était cru délivré par sa disparition, n'y avait rien gagné. En Angleterre et en Hollande, il avait laissé des successeurs pour continuer sa politique et, sur les champs de bataille, survenaient des généraux qui lui étaient supérieurs.

Marlborough et le prince Eugène, après la victoire d'Hochsted, revinrent l'un en Flandre et l'autre en Italie. L'Alsace, où Villars avait été mis à la tête de l'armée, fut ainsi préservée de l'invasion. Marlborough, revenu dans les Pays-Bas, attaque en mai 1706 Villeroy, à Ramillies. Il le défait complètement, lui met 5.000 hommes hors de combat, lui fait 15.000 prisonniers. Cette victoire lui livre Bruxelles, Anvers et la plus grande partie des Pays-Bas espagnols. Les Français n'en conservent plus qu'une lisière.

En août de cette même année 1706, le prince Eugène, revenu lui-même en Italie, attaque les

Français qui, commandés par Marsin et La Feuillade, assiégeaient Turin pour l'enlever au duc de Savoie. Ils subissent un véritable désastre, Turin est délivré, les débris de l'armée française abandonnent le Piémont, en retraite sur la Provence. Le Milanais et le royaume de Naples étaient perdus pour l'Espagne, et les Français échouaient, une fois de plus, dans leurs tentatives de prendre pied en Italie. Ainsi, à la suite de défaites qui sont parmi les plus complètes de son histoire, la France avait perdu ses positions avancées à la fois en Allemagne, dans les Pays-Bas espagnols et en Italie. Les trois armées envoyées au loin avaient été obligées de se replier, à peu près détruites, sur les frontières d'où elles étaient parties.

La guerre tournait également mal en Espagne. L'archiduc Charles d'Autriche, évincé par le testament de Charles II et devenu le compétiteur du duc d'Anjou, Philippe V, s'était emparé de Barcelone, à la tête d'un corps d'armée anglais. La Catalogne et l'Aragon l'avaient alors reconnu. Sur l'autre versant, le Portugal, entré dans la coalition, servait de base pour attaquer l'Espagne; une armée anglo-portugaise avait pénétré momentanément jusqu'à Madrid. L'Espagne semblait donc perdue pour Philippe V. Le prince Eugène, victorieux à Turin, envahit la Provence, mais il échoua devant Toulon et battit en retraite sur le Piémont. La tentative d'envahir la France ayant avorté sur la frontière méridionale et paru impraticable vers l'Alsace, les coalisés reportèrent leur principal effort en Flandre. Ils y concentrèrent leurs forces sous les ordres de Marlborough et du prince Eugène. En juillet 1708, Vendôme, battu à Audenarde, se replie sur le sol français. Les alliés l'envahissent et, en octobre 1708, ils prennent Lille.

La ruine financière était apparue parallèlement à la ruine militaire. Elle venait de loin. Elle découlait du genre de vie adopté par la noblesse, de la persécution infligée aux protestants, de la guerre fermant au pays tout commerce avec le dehors.

La noblesse, autrefois féodale et indépendante, était devenue une noblesse de cour : elle vivait maintenant à Versailles autour du roi ou s'employait aux armées dans des guerres sans fin. Les nobles qui longtemps avaient résidé sur leurs terres, dépensant leurs revenus autour d'eux et donnant leurs soins à leurs affaires, en avaient abandonné la gestion à des intendants. La vie fastueuse de Versailles, entraînant aux prodigalités, fit qu'ils s'endettèrent et se mirent à pressurer leurs vassaux et leurs fermiers, pour leur prendre toujours, sans jamais leur rien rendre.

Ces pratiques poursuivies un long temps ne pouvaient manquer d'appauvrir les campagnes, à une époque où la noblesse possédait encore la plus grande part du sol. Et, en effet, à la fin du règne de Louis XIV, les terres sont délaissées, l'agriculture est en décadence.

Pendant que le genre de vie suivi par la noblesse ruinait l'agriculture, la persécution des protestants ruinait l'industrie. Les protestants tenus à l'écart avaient vu les carrières gouvernementales et les fonctions administratives se fermer pour eux ; ils s'étaient tournés vers l'industrie et le commerce. Ils y avaient réussi et ils formaient par excellence une classe laborieuse, entretenant le travail des métiers. La révocation de l'édit de Nantes eut pour résultat de les disperser et de les opprimer de toutes manières. Beaucoup s'exilèrent, délaissant leurs industries qui disparurent. Les dragonnades vinrent frapper ceux qui restaient, qui eurent à supporter la charge des soldats logés chez eux. Enfin, la révolte où la persécution les entraîna et la guerre des Camisards dans les Cévennes, où 100.000 hommes périrent, achevèrent de les paralyser comme classe laborieuse et productrice. Pendant que l'agriculture et l'industrie s'affaissaient, la guerre, fermant les frontières de terre et de mer, anéantissait les sources de richesse, qui viennent du commerce et des échanges avec le dehors.

Sur un pays où la fortune publique était de toutes manières en voie de décroissance pesaient depuis longtemps des charges qui, au contraire, augmentaient sans cesse. Les dépenses d'une cour fastueuse, la construction et l'entretien de Versailles s'ajoutaient aux frais de guerre. A la fin de la guerre d'Augsbourg, en 1697, l'épuisement financier était devenu manifeste et la paix avait été conclue sous la pression des embarras du trésor. Aussi la guerre de la succession d'Espagne, survenant si vite après, devait-elle épuiser complètement le pays, qui n'avait point eu le temps de se refaire. L'effectif des troupes fut porté à un chiffre qui n'avait encore jamais été atteint. Les charges s'accrurent en proportion. Tant que les armées envoyées hors des frontières s'y maintinrent, elles purent subsister en partie aux dépens des territoires qu'elles occupaient. Mais lorsqu'elles eurent été battues et ramenées en arrière, tout le coût de leur entretien retomba sur la France. Aussi les impôts, quoique accrus de toute manière et dont la levée est poursuivie par des moyens rigoureux, ne rendent-ils plus assez pour parer aux besoins. Les emprunts deviennent eux-mêmes insuffisants et ne peuvent être obtenus qu'à un taux d'intérêt exorbitant, de prêteurs qui n'ont plus confiance dans la solvabilité de l'État. On se voit donc en face de déficits énormes, béants, ne sachant plus où trouver les ressources pour continuer la défense.

La France était ainsi en perdition, lorsqu'un fléau naturel vint la frapper d'un surcroît de calamités. Un froid tout à fait exceptionnel par son intensité et sa durée régna pendant l'hiver de 1708 à 1709. Les oliviers et les arbres fruitiers gelèrent dans le Midi, les blés gelèrent dans le Nord et furent atteints par ailleurs. La famine suivit. Les paysans errent en mendiants, ils en sont réduits à manger de l'herbe. La mortalité s'accroît. Le pain manque partout. Les armées, où la solde n'est plus payée, restent elles-mêmes affamées.

A ce moment, la France, vaincue sur les champs de bataille, envahie, ruinée et mourant de faim, semblait perdue. Alors Louis XIV, cet homme si superbe, s'humilie. Il demande la paix. Il fait pour l'obtenir les concessions les plus onéreuses et les plus pénibles. Il sacrifie ses intérêts de famille. Il abandonnera à lui-même son petit-fils Philippe V. La monarchie espagnole pourra être assurée, par les coalisés, à l'archiduc d'Autriche, son compétiteur. Il consent à perdre Lille, Tournay, et les autres places demandées par les Hollandais, pour établir une barrière entre eux et la France dans les Pays-Bas espagnols ; il se résigne même à céder Strasbourg en Alsace, pour se rendre l'empire favorable, et à démolir les remparts de Dunkerque, pour satisfaire les Anglais. Il se plie jusqu'à envoyer, sans qu'il fût attendu, son ministre des affaires étrangères, de Torcy, à La Haye, soumettre ces propositions aux coalisés et chercher à les faire accepter.

Lorsque les Hollandais virent leur ennemi à leurs pieds, ils s'abandonnèrent à leur tour à l'orgueil et à l'esprit de domination, dont ils avaient souffert de sa part et qu'ils lui avaient tant reproché. Ils n'ont pas le bon esprit d'accueillir favorablement des propositions qui comprenaient, en somme, pour eux et pour leurs plus proches voisins les Anglais, les réels avantages qu'ils poursuivaient par la guerre. Devenus depuis longtemps comme la tête de la coalition, ils épousent les extrêmes prétentions de leurs autres alliés, l'Autriche et l'empereur, et s'en font les défenseurs.

Les coalisés tous ensemble, jugeant la France à leur merci, et confirmés dans cette pensée par la démarche insolite que faisait à La Haye son ministre des affaires étrangères, prétendent pousser leurs avantages aux extrêmes limites. Ils rejettent donc les propositions qu'on leur apportait, quelque satisfaisantes qu'elles fussent. Ils leur substituent des demandes qui indiquaient, de leur part, l'intention arrêtée d'humilier sans mesure la France et son roi. Ils exigent, en plus des énormes concessions qu'on leur a faites, que Louis XIV, en Espagne, prenne, de concert avec eux, des mesures pour détrôner Philippe V, s'il refuse d'abdiquer et de céder le trône à son compétiteur Charles d'Autriche, c'est-à-dire qu'il fasse la guerre lui-même à son petit-fils. Ils demandent, en Alsace, outre Strasbourg, Landau et Brisach. Le port de Dunkerque sera comblé, après que les remparts auront été démolis. Les coalisés entreront en possession des places et des territoires qu'on doit leur céder, au cours d'un armistice de deux mois, c'est-à-dire immédiatement, et, par conséquent, la France sera dépouillée, avant même d'être certaine d'obtenir la paix définitive.

Louis XIV refusa de pousser les sacrifices jusqu'à un point qui eût atteint la dégradation et, après s'être humilié avec dignité, il se releva avec grandeur. Il envoya un manifeste aux gouverneurs de provinces, destiné à être rendu public, où il faisait connaître les énormes sacrifices auxquels il s'était résigné pour obtenir la paix, la manière hautaine dont ses offres avaient été repoussées, et les contre-propositions dont l'acceptation eût entraîné un abaissement complet.

Il expliquait qu'il devait, dans ces circonstances, continuer la guerre et, faisant appel à l'opinion, il disait : « Je suis persuadé que mes peuples s'opposeraient eux-mêmes à recevoir la paix à des conditions également contraires à la justice et à l'honneur du nom français. »

Lorsque la nation connut à quel degré d'affaiblissement on voulait la réduire, elle tressaillit dans ses profondeurs. « Ce ne fut qu'un cri d'indignation et de vengeance », dit Saint-Simon. La résolution de ne point fléchir fut universelle. La prospérité des jours heureux, les victoires auxquelles on s'était accoutumé, avaient amené un état de relâchement général. Aussi, quand les défaites, la ruine et la famine étaient survenues, les esprits s'étaient-ils trouvés mal préparés à les supporter. L'exposé que le roi présentait tout à coup de la situation releva le moral, si bien que tous, animés d'un même patriotisme, ne pensèrent plus qu'aux sacrifices à faire pour repousser l'ennemi. Dans l'état d'exaltation qui s'est emparé du pays, le contrôleur des finances Desmarets peut puiser, sans amener de révolte, à toutes les sources imaginables, afin de se procurer des fonds. On recrute l'armée de Flandre, on la reporte à plus de 100.000 hommes, mis sous les ordres du meilleur général qui fût resté, Villars. Les coalisés, supérieurs en nombre, commandés par Eugène et Marlborough, viennent l'attaquer en septembre 1709, à Malplaquet, près de Mons. Villars ayant été blessé et mis hors de combat, l'armée dut battre en retraite, mais elle se retira en bon ordre sur Valenciennes. Les coalisés avaient subi des pertes doubles de celles des Français et tellement fortes, qu'ils furent paralysés pour une seconde bataille. Cette action, comparée aux désastres précédents, était un fait de guerre relativement heureux, qui montrait que le moral des troupes s'était relevé et que les qualités de discipline et de courage étaient redevenues entières.

Malplaquet était cependant une défaite; on avait une fois de plus perdu du terrain. L'ennemi s'était encore avancé; il avait pu prendre Mons, Béthune et Douai. Louis XIV se résigne donc de nouveau à demander la paix. Les conférences reprises ont lieu à Gertruidenberg, toujours par l'intermédiaire des Hollandais. Leurs exigences se trouvèrent encore accrues. Ils prétendirent cette fois ouvertement que Louis XIV aidât les coalisés à détrôner son petit-fils. Après avoir demandé l'acceptation préalable des conditions qu'ils faisaient connaître, ils se réservaient d'en présenter d'ultérieures, qui apparaissaient comme devant être exorbitantes. Louis XIV se résigna à de nouveaux sacrifices, en outre des anciens proposés; il alla jusqu'à offrir Valenciennes et l'Alsace entière, si l'on renonçait à présenter des demandes ultérieures, et si les électeurs de Bavière et de Cologne, les alliés de la France, étaient rétablis dans leurs États. Mais les Hollandais, déterminés évidemment à poursuivre la guerre, restèrent immuables. Les négociations avec eux furent alors rompues d'une manière définitive.

Louis XIV, redevenu libre après cela d'agir en Espagne, y envoya quelques troupes et, pour les commander, Vendôme dont la réputation, comme celle de Villars, avait survécu aux défaites subies. Les affaires de Philippe V paraissaient à ce moment désespérées. Il avait perdu une bataille à Saragosse. Son compétiteur l'archiduc était entré à Madrid. Mais un retour imprévu de fortune lui vint encore une fois. Les Castillans, se soulevant en masse, commencèrent la guerre de partisans. L'archiduc dut sortir de Madrid. Son armée fut alors atteinte par Vendôme, qui lui infligea une défaite décisive à Villaviciosa. L'archiduc se trouva décidément réduit à la Catalogne, et Philippe V, rentré en possession de l'Espagne, fut plus affermi qu'il ne l'avait jamais été.

Ainsi la France, que l'on avait cru complètement perdue et à la merci de ses vainqueurs, tenait toujours la campagne avec une grande armée au nord; elle avait relevé les affaires de Philippe V en Espagne; elle trouvait des ressources dernières pour suffire à son armement et elle s'était tirée de la grande famine de 1709. Ce fut alors l'Angleterre qui, fatiguée des sacrifices que la guerre lui demandait, prit en mains les négociations que les Hollandais, excessifs, avaient fait échouer. Ses dispositions pacifiques avaient été amenées par un changement, qui avait substitué, dans le gouvernement de la reine Anne, les tories partisans de la paix, aux whigs qui, avec Marlborough, ne pensaient qu'à continuer la guerre. Les tories, arrivés au ministère, mandèrent secrètement à Versailles, en janvier 1711, qu'ils étaient prêts à débattre la paix, avec le désir de la conclure. C'était une occasion inespérée qui s'offrait d'ouvrir des négociations dans des conditions avantageuses, et Louis XIV la saisit.

Il accordera d'abord à l'Angleterre les avantages spéciaux qui pourront la satisfaire et, par conséquent, la détacher de la coalition. Il reconnaîtrait la reine Anne et la dynastie protestante. L'Angleterre conserverait Gibraltar dont elle s'était emparée. Le port de Dunkerque, qui était son cauchemar, serait comblé. Mais alors les autres conditions établies marquaient un singulier retour sur celles qu'il avait lui-même pris l'initiative de faire proposer aux Hollandais, lorsqu'il s'était senti si bas. Philippe V conserverait la couronne d'Espagne, avec toutes les possessions des Indes et de l'Amérique. Il renoncerait seulement à ses droits sur la couronne de France, pour lui et ses descendants. Les Pays-Bas espagnols seraient détachés de la couronne d'Espagne, ce qui était le grand point pour les Anglais, qui ne voulaient en aucun cas voir les Français y dominer directement ou indirectement. Mais ensuite Louis XIV refusait de faire, sur l'établissement de la barrière des places fortes à laquelle les Hollandais tenaient tant, les concessions qu'il avait d'abord lui-même proposées, et il exigeait particulièrement que Lille fût rendue.

Les négociations engagées sur ces bases convinrent aux Anglais qui, sûrs des conditions qui leur tenaient à cœur, se montrèrent coulants sur les autres. Ils y étaient d'autant plus amenés que l'empereur d'Allemagne Joseph venait de mourir, que l'archiduc Charles, le prétendant rival de Philippe V en Espagne, avait été élu à sa place en octobre 1711. La réunion sur sa tête des deux couronnes de l'Espagne et de l'Empire eût recréé en sa faveur une puissance aussi formidable que celle que Louis XIV avait pensé établir, et les Anglais, après avoir mis un frein à l'ambition française, ne tenaient point à en favoriser une autre de même ordre. Lorsque les Hollandais et l'Empereur virent que les négociations poursuivies avec l'Angleterre relevaient tout à coup Louis XIV, ils s'efforcèrent d'empêcher l'accord, mais ils échouèrent, et l'Angleterre se maintint dans la ligne de conciliation où elle s'était engagée.

Les négociations traînèrent cependant et, avant qu'un armistice fût définitivement conclu, les tories anglais, n'osant rappeler Marlborough et son armée, poursuivirent la guerre avec les alliés. Au moment où Villars avait pris congé, au printemps de 1712, pour rejoindre l'armée, Louis XIV, encore incertain sur l'issue des négociations engagées et plein de l'anxiété que lui causait toujours sur la frontière du nord l'armement combiné de l'Empire, de la Hollande et de l'Angleterre, lui avait dit : « Je vous remets les forces et le salut de l'État. La fortune peut vous être contraire. Je sais les raisonnements des courtisans; presque tous veulent que je me retire à Blois, si mon armée était battue. Pour moi, je sais que des armées aussi considérables ne sont jamais assez défaites pour que la plus grande partie de la mienne ne pût se retirer sur la Somme, rivière très difficile à passer. Je compterais aller à Péronne ou à Saint-Quentin, y ramasser tout ce que j'aurais de troupes, faire un dernier effort avec vous, et périr ensemble ou sauver l'État. » Après ces paroles, qui montraient avec quelle résolution il envisageait le péril, il s'était tenu à la plus stricte prudence, interdisant toute action militaire, jusqu'à ce qu'il se fût accordé avec les Anglais. Villars, dans ces circonstances, n'avait pu empêcher les alliés de s'avancer encore et il avait dû leur laisser prendre, sous ses yeux, deux nouvelles villes, Bouchain et Le Quesnoy. Cependant le moment vint où un armistice de quatre mois fut signé entre la France et l'Angleterre; les troupes anglaises se retirèrent donc sur la Flandre maritime et sur Dunkerque, qu'elles recevaient en gage. Les Hollandais et les Impériaux, n'ayant pas voulu souscrire aux conditions de paix que les Anglais leur avaient ménagées, se maintinrent, eux, en campagne. Mais Louis XIV, qui voyait maintenant devant lui des ennemis diminués et qui sentait l'équilibre des forces revenu, se redresse avec la même décision sur le champ de bataille qu'il l'avait fait sur le terrain diplomatique. Il ramène Villars de la défensive à une offensive vigoureuse.

Le prince Eugène, à la tête des armées de l'Empire et de la Hollande, assiégeait Landrecies.

C'était, de ce côté, la dernière place qui couvrît la frontière. Sa conservation était donc d'une énorme importance. Le prince Eugène avait placé ses magasins de ravitaillement à Marchiennes, sur la Scarpe, où il possédait également Douai et Saint-Amand. De ces villes à Landrecies, qu'il assiégeait, il y a douze lieues. C'était un long espace à garder et, pour assurer ses communications, il avait établi des lignes, partant de la Scarpe vers Landrecies. A mi-chemin, elles s'arrêtaient et l'Escaut les fermait. Le prince Eugène disposait de ponts sur l'Escaut au dedans de ses lignes, à Denain et Pourvy, qui lui assuraient le passage, et il tenait à Denain, qui était le point décisif, un gros parti de dix-sept bataillons. Louis XIV, à Paris, suivait attentivement les opérations en Flandre: ce terrain lui était parfaitement connu, il y faisait la guerre depuis trente ans. L'importance de Denain et l'idée de s'en emparer semblent lui être d'abord venues et il en écrit à Villars. Le maréchal de Montesquiou, le second de Villars, jugeait lui-même que le nœud des positions était à Denain et il pressait son chef de s'en emparer. Villars, adoptant l'opération, va l'exécuter d'une façon supérieure. Il s'avance d'abord avec toute l'armée sur Landrecies, feint de vouloir attaquer les assiégeants, puis se dérobe derrière sa cavalerie, se retourne vers l'Escaut, qu'il franchit sur des ponts rapidement jetés, enlève d'assaut les lignes de Denain, détruit, prend ou jette à la rivière les dix-sept bataillons de la défense et s'empare en même temps des ponts de Pourvy et de Denain, compris dans les lignes. Le prince Eugène, aussitôt avisé du péril, se met en marche pour défendre Denain; quand il arrive, il trouve les Français déjà maîtres des lignes et des ponts, dans une position inattaquable, derrière l'Escaut. Villars se rejette tout de suite en arrière, vers la Scarpe, prend en trois jours Marchiennes, où il trouve d'immenses approvisionnements, prend également Saint-Amand et Mortagne. Il est ainsi maître du cours de la Scarpe comme de celui de l'Escaut. Le prince Eugène, incapable plus longtemps de se ravitailler, lève le siège de Landrecies qui est délivrée. Il décrit un grand cercle vers Mons et Tournay pour venir attaquer Villars sur la Scarpe, mais, l'y trouvant également trop bien établi, il renonce à son projet. Villars prend alors, par des sièges en règle, Bouchain et Douai. La campagne de 1712 se termine ainsi par des opérations d'un vrai génie militaire. Elles avaient arrêté définitivement l'invasion et paralysé le grand homme de guerre des alliés, qui passait pour irrésistible. Louis XIV, après s'être relevé diplomatiquement, se relevait militairement.

Le succès de Villars à Denain détermina la Hollande à se détacher de l'Empereur et à se rapprocher de l'Angleterre pour conclure la paix avec elle. Le traité fut signé à Utrecht, le 11 avril 1713. Les conditions que la Hollande obtenait sur le point qui l'intéressait le plus, celui de la barrière des places fortes à établir dans les Pays-Bas espagnols, étaient bien différentes de celles que Louis XIV lui avait de son chef proposées, au moment de son abaissement et qu'elle avait eu l'imprudence de repousser. La France ne cédait plus, des places qu'elle avait possédées avant la guerre, qu'Ypres, Furnes et Tournay ; elle conservait toutes les autres, et Lille, qu'elle avait perdue, lui était rendue.

La paix ayant été conclue aussi avec le duc de Savoie, la Prusse et le Portugal, il ne resta plus que l'Empereur pour continuer la guerre. Les hostilités furent alors portées sur le Rhin, où Villars et le prince Eugène se combattirent de nouveau. Villars eut encore l'avantage. Il termina la campagne de 1713 par la prise de Fribourg-en-Brisgau, au delà du Rhin. L'insuccès de ses armes et l'isolement où il se trouvait déterminèrent aussi l'Empereur à céder. Le traité de paix avec lui fut signé à Rastadt le 7 mars 1714. La maison d'Autriche, elle aussi, se voyait frustrée des avantages qu'elle eût pu d'abord obtenir.

Elle acquérait les Pays-Bas espagnols et les anciens territoires possédés par l'Espagne en Italie, mais elle reconnaissait l'Espagne avec ses possessions des Indes et de l'Amérique à Philippe V. La France conservait l'Alsace entière avec Landau et Strasbourg. Les électeurs de Bavière et de Cologne, ses alliés, étaient rétablis dans leurs droits. Ainsi Louis XIV sortait de l'effroyable guerre de la succession d'Espagne qui, pendant dix ans et pour la troisième fois, avait mis la France aux prises avec l'Europe entière, en conservant les conquêtes de Richelieu et du commencement de son règne.

*
* *

La gestion combinée de Richelieu et de Louis XIV garde un caractère à part dans l'histoire de France. C'est alors que se produisent, avec le plus de résultat, l'action politique et l'action militaire. Richelieu, prenant en main le gouvernement au moment où la France est à une de ces époques d'exubérance qui la portent à se répandre au dehors, donne à son essor un caractère inconnu de mesure et de sens politique. Sous Louis XIV, l'action militaire, en se prolongeant, dévie du caractère contenu que Richelieu lui avait imprimé, elle reprend l'aspect primitif de force qui se déchaîne sans réserve ; la guerre se montre de nouveau, comme un exercice poursuivi pour la satisfaction intrinsèque qu'il procure. La France est prête à combattre sans fin toute l'Europe : elle s'avance partout au loin, en Allemagne, dans les Pays-Bas, au cœur de l'Italie. Les conséquences d'une conduite aussi téméraire surviennent avec certitude, la France, épuisée par un effort excessif, éprouve simultanément la ruine militaire et financière, et, vaincue, est jugée à la merci de ses ennemis. L'abus de l'énergie amène donc, sous Louis XIV comme pendant les croisades et les guerres d'Italie, une régression naturelle, un choc en retour, qui reportent au point de départ et doivent faire perdre les conquêtes d'abord obtenues.

Mais, au moment où cet affaissement survient, il se trouve que la France, par la possession d'une réserve de force exceptionnelle et une ténacité à toute épreuve, parvient à écarter d'elle le désastre final apparu et à détourner la conséquence, qui semblait acquise, de la conduite tenue. Il se produit, au dernier moment, une tension qui assure un regain de succès et permet d'éviter la catastrophe d'apparence inévitable. L'époque combinée de Richelieu et de Louis XIV présente donc deux exceptions : d'abord une conduite politique telle qu'on n'en avait pas encore vue et qu'on n'en reverra plus, ensuite une persistance d'efforts couronnée de succès, qui tire de la perdition, phénomène qu'également on ne reverra plus. La France sous Richelieu et Louis XIV est donc arrivée à une pleine vigueur. Elle est à cette époque heureuse et fugitive où une nation possède, en lutte avec les autres, une supériorité absolue.

Elle se montre surtout, alors, dans un parfait équilibre de force militaire. C'est le moment, également fugitif, où un roi tout-puissant, suffisamment doué des lumières d'un chef militaire, tient sa main sur l'armée, lui imprime une direction d'ensemble et y fait partout régner l'autorité ; où les cadres d'officiers sont formés par une noblesse foncièrement guerrière, maintenant disciplinée, incapable de faiblir et de se décourager devant l'ennemi, qui par son ascendant ramène au combat, après chaque revers, sains d'esprit et de moral, les soldats recrutés parmi le peuple. Cette combinaison d'hommes de conditions sociales différentes, mais également belliqueux, lorsqu'elle se trouve réalisée d'une heureuse manière, semble avoir été la meilleure pour obtenir le maximum de force persistante, supporter les défaites et surmonter les revers. Au moins est-ce le spectacle unique qu'elle offre à la fin du règne de Louis XIV, alors qu'on voit les Français, si prompts généralement à passer de l'exaltation du succès à la panique après la défaite, se maintenir au combat avec une constance à toute épreuve, si bien que les recrues, appelées pour remplir les rangs, dans des circonstances néfastes, après des désastres répétés, sans solde et affamées, donnent des soldats qui finissent par ramener la victoire.

Cependant, si la France a pu écarter d'elle l'invasion, c'est absolument à Louis XIV qu'elle l'a dû. Il a été le support de la résistance invincible qui s'est manifestée. S'il fût mort à ce moment, on eût été inférieur à la tâche, la France eût succombé avec lui. Dans un État où depuis un demi-siècle régnait un maître absolu, devant lequel tous avaient abdiqué leur volonté, c'était, à l'heure du danger suprême, sur lui que portait toute la résistance. Or, il s'est montré égal à l'effort à faire, qui semblait surhumain, et a mérité et justifié, alors, le titre de grand, que l'adulation s'était, par avance, hâtée de lui donner.

Jamais renversement plus soudain ne s'est opéré dans les conditions d'une nation, que celui que la France a subi, pendant la guerre de la succession d'Espagne. Au moment où, en 1704, le désastre d'Hochsted vient abîmer une première armée, la France, victorieuse depuis longtemps et dominatrice autour d'elle, se complaisait dans une assurance hautaine de sa supériorité. Son roi dominait les humains comme une sorte de dieu. Tout à coup la supériorité militaire s'est abîmée, la ruine est survenue. A ce moment, Louis XIV voit lui manquer les hommes d'élite qui l'avaient porté à l'heure de ses succès.

Au lieu de grands ministres, il n'a plus que des commis quelconques; aux grands généraux ont succédé des chefs incapables, ou ceux qui restent de capables ont eux-mêmes été battus. La brillante génération des débuts a disparu. Le roi se voit ainsi seul, comme dans un monde épuisé, près de l'abîme, à soixante et onze ans à l'âge où les facultés s'affaiblissent et la vie s'épuise. Aux calamités nationales qu'il doit subir s'ajoutent les pertes domestiques, qui lui enlèvent presque toute sa famille et ses rejetons. Et cet homme qu'on eût pu soupçonner d'avoir été rendu incapable de résister au malheur, par le cours de prospérités ininterrompues et d'une adulation sans fin, supporte au contraire le poids de l'infortune avec une force d'âme, une constance, un équilibre d'humeur, qui lui laissent l'entière liberté de son jugement et, au lieu de les atteindre, dégagent les facultés de son esprit. C'est réellement lui maintenant, puisque tous ont succombé, qui prend en main la direction immédiate des affaires et qui non seulement conduit les ministres et les généraux, mais qui les soutient, par la force morale qu'il leur communique et qu'il communique aussi au peuple.

Au moment de la grande famine, quand l'épuisement semble irrémédiable, il a le courage de s'humilier, de se mettre aux pieds de ses ennemis, pour avoir la paix. Il prend l'initiative de leur concéder tout ce qu'ils avaient déclaré vouloir : aux Hollandais la barrière des places fortes dans les Pays-Bas espagnols, à l'Autriche la monarchie espagnole elle-même. Mais, loin d'accepter de pareilles offres, ils exagèrent leurs demandes et imposent des conditions déshonorantes. Alors il refuse à son tour et, se retournant vers son peuple, lui expose quelles extrêmes concessions il a d'abord offertes et comment elles ont été repoussées. Et le peuple, fait juge de la question, convaincu qu'il est, avec le roi, acculé à la ruine et au déshonneur, se relève, lui aussi, prêt à tout subir pour continuer la défense. Dans ces circonstances les armées se recrutent; on traverse sans faiblir l'année de terrible famine. Les Anglais, à l'épreuve, voyant que l'opinion de ceux qui jugeaient la France tout à fait perdue est fallacieuse, se lassent et font des ouvertures de paix. Louis XIV concède d'abord à l'Angleterre les points qui peuvent la satisfaire et l'amener à lui. Il refuse ensuite aux autres les concessions mêmes qu'il leur avait offertes, quand la coalition intacte était toute-puissante. Il a remis à la tête des armées les deux meilleurs généraux qui soient restés, Vendôme et Villars. Vendôme, à Villaviciosa, a regagné l'Espagne à Philippe V. Villars, encore vaincu à Malplaquet, mais à peine entamé, est maintenu sur la défensive, tant que les négociations en cours n'ont pas assuré la retraite des Anglais; lorsqu'elle s'est effectuée, il est ramené à une offensive hardie, qui lui procure l'occasion de vaincre à Denain. Les Hollandais se résignent alors à faire la paix, de concert avec les Anglais, en restreignant leurs prétentions. Ils ne reste plus en campagne que les Impériaux qui, à eux seuls, ne peuvent supporter le poids de la France et qui, eux aussi, sont obligés de consentir à la paix, dans des conditions d'avantage retrouvé pour la France.

La direction donnée à ce moment, par Louis XIV en personne, aux affaires diplomatiques et militaires, la façon dont il sait sacrifier son orgueil et ses intérêts de famille, se relever ensuite avec grandeur, montrer une fermeté inébranlable et parvenir à vaincre ainsi la mauvaise fortune, constitue un des plus beaux spectacles qu'offre l'histoire de la France monarchique. Ses ennemis en ont ainsi jugé. Ils l'avaient poursuivi de leur haine, de leurs injures et de leurs accusations, pendant qu'il triomphait, mais, lorsqu'après l'avoir vaincu, il le virent se relever, par un effort inouï, de l'extrême abaissement où ils l'avaient cru tombé sans remède, ils ne purent s'empêcher d'en venir à l'estime, et, lorsque, deux ans après avoir signé la paix générale, il mourut, il emportait de toute l'Europe l'admiration et le respect.

* * *

Louis XIV laissait la France ruinée. Elle avait fourni avec lui une carrière militaire extraordinaire, mais au prix d'un épuisement absolu. L'État se trouvait en complète banqueroute, l'agriculture était en déclin, le commerce et l'industrie étaient comme morts, la population avait diminué. Mais la France s'est toujours relevée de l'affaiblissement qu'elle a connu à diverses périodes de son histoire, produit par les pertes venues de longues guerres, supportées à l'intérieur ou portées au dehors. Dans une courte période, mesurée à la vie d'une nation, elle allait se trouver complètement relevée. L'agriculture aura repris dès le milieu du XVIIIe siècle, le commerce et l'industrie auront acquis un développement encore inconnu, la population se sera accrue.

L'épuisement matériel dans lequel il laissait la France n'était donc qu'un accident, dont la trace devait s'effacer. Cependant il y avait un autre épuisement, celui-là caché, mais n'en étant que plus irrémédiable, c'était celui du gouvernement même dont il avait été le parfait représentant, la monarchie absolue de droit divin. Il y avait longtemps que la monarchie, devenue en France le pouvoir prépondérant, se développait dans le sens de l'absolutisme, travaillant d'une part à asservir la noblesse, de l'autre à supprimer les vieilles institutions, telles que les états généraux, qui eussent permis le contrôle du pays sur son gouvernement. Par Louis XI, par Richelieu, l'État s'est absorbé de plus en plus dans un homme.

Enfin, Louis XIV arrive à concentrer réellement en lui toute volonté, toute direction, il prétend régler les consciences, décider de ce qu'il faut aimer et de ce qu'il faut croire, et devient, en quelque sorte, un être surhumain et infaillible. Ainsi vu, il est le représentant d'un peuple à un moment donné. Il a, en effet, personnifié, avec sa grandeur, son éclat, ses exagérations et ses crimes, la société française du XVIIe siècle, catholique, guerrière et littéraire. Mais l'absorption de toutes les puissances d'une nation dans un homme, le rétrécissement de toute vie en un sommet étroit, n'ont pu qu'amener l'affaiblissement d'abord, puis la décadence rapide et enfin la perte de tout ce qui s'y est prêté ou a dû s'y soumettre.

Aussi bien, la noblesse, privée de tout rôle politique, ne rendant plus aucun service dans l'ordre gouvernemental ou administratif, n'aura plus de raison pour motiver ses privilèges aux yeux du peuple, qui ne verra en elle qu'une classe parasitaire à détruire. Le clergé intolérant, qui aura contribué, pour en tirer parti lui-même, à pousser le monarque vers l'absolutisme, subira la révolte que finiront par exciter ses pratiques arbitraires sur les consciences. Enfin, la charge réelle du pouvoir total, que Louis XIV avait portée sur ses fortes épaules, sera trop lourde pour ses successeurs, qui vont être des hommes faibles ou indolents. La direction personnelle du monarque se montrera alors insuffisante, pour répondre aux besoins d'un pays en voie de progrès et de développement.

Dans ces circonstances, la nation, appelée tout à coup à se créer un gouvernement nouveau, où elle doit elle-même jouer le rôle prépondérant, sans liens et habitude d'action commune avec le roi, la noblesse et le clergé, incapables eux-mêmes de s'assouplir, ne pourra s'entendre avec eux pour combiner un mécanisme où les éléments anciens s'associeraient avec l'élément neuf. Entre la nation devenue maîtresse et les vieilles forces du passé, ni partage, ni accord ne pourront s'établir ; alors commencera une destruction révolutionnaire, qui ne s'arrêtera que lorsque les derniers vestiges du régime ancien, dans l'ordre gouvernemental, auront été extirpés.

VI

UNE NOUVELLE HISTOIRE DE NAPOLÉON

MM. Lavisse et Rambaud ont pris la direction d'un grand travail historique (1), qui ne prétend à rien moins, par son titre, qu'à donner l'histoire de l'humanité du IVe siècle jusqu'à nos jours. Ils ont choisi, pour collaborateurs, les hommes que leurs études ou des travaux spéciaux pouvaient recommander. L'*Histoire générale*, née de cet effort, est parvenue à son neuvième volume, consacré à Napoléon. L'ouvrage, dû à une collaboration nombreuse, manque forcément d'enchaînement rigoureux ; il procède un peu par bonds et par saccades ; à côté de parties mises en pleine lumière et traitées de main de maître, il s'en trouve d'autres

(1) *Histoire générale du IVe siècle à nos jours*, tome IX. — *Napoléon*, 1800-1815. — Paris, Armand Colin et Cie, 1897.

qui restent dans l'ombre. Ce n'est point là cependant une condamnation à porter sur l'ouvrage en soi, car un plan aussi étendu entraîne forcément cette manière d'être.

Il faut donc reconnaître que l'ouvrage est à signaler, comme révélant, dans son ensemble, un véritable sens historique. Or, le sens historique est aussi rare que les autres. Il est des époques entières où il a manqué et où les écrivains n'ont raconté les événements du passé qu'avec les préjugés les plus grossiers de leur temps et de leur nation. Ce tome IX de l'*Histoire générale* est donc un des rares livres sur Napoléon, auquel on peut reconnaître qu'il mérite son titre d'histoire, en prenant le titre dans le sens du mot, où un auteur sait se soustraire suffisamment aux passions nationales, pour garder cette justesse de vues, qui applique, à tous les hommes présentés et à tous les peuples entrés en lutte, une commune mesure désintéressée.

Jusqu'ici, on n'a guère raconté en France les faits relatifs à Napoléon sans s'abandonner à l'amour ou à la haine; les historiens n'ont vu que le personnage agrandi, les uns l'ont divinisé tandis que les autres en ont fait un vrai démon, aussi disproportionné, dans son genre, que le dieu; tous acceptant l'homme sous la forme subjective que l'imagination lui avait attribuée. très peu d'entre eux sachant établir une commune mesure entre les peuples en lutte, français et étrangers.

Ce nouveau volume sur Napoléon est ainsi, par son esprit, recommandable. Il ne touche pas encore le point tout à fait exact du jugement historique, l'effort était trop grand pour briser absolument avec la littérature épique précédente, mais il en approche. Il offre, en somme, un travail digne d'attention, décisif pour voir les transformations qui, sur certains points, s'opèrent dans l'esprit de la France intelligente, à l'enseignement des désastres militaires.

Ce volume embrasse non seulement l'histoire de Napoléon comme gouvernant la France, mais il s'étend à l'histoire des peuples de l'Europe pendant la domination napoléonienne. Suivant la méthode adoptée pour l'ensemble de l'ouvrage, les parties différentes du sujet ont été réparties entre des écrivains différents. L'histoire de Napoléon n'a donc point été racontée, de son commencement à la fin, par un seul, elle a été divisée entre plusieurs.

M. Aulard traite : le Consulat, la politique intérieure.

M. Vast : le Consulat, la diplomatie et les guerres; l'Empire, les troisième et quatrième coalitions.

M. Albert Vandal : l'alliance franco-russe.

M. Vast reprend, avec la cinquième coalition, la guerre contre l'Autriche.

M. Rambaud raconte alors la campagne de Russie, la destruction de la Grande Armée.

M. Vast reprend, avec la campagne d'Allemagne en 1813, la fin de la Confédération du Rhin.

M. Henri Houssaye raconte ensuite la campagne de France, la chute de l'Empire, la première Restauration et le retour de l'île d'Elbe.

Et M. Vast termine par les Cent jours et Waterloo.

Il faut dire du volume sur Napoléon, réparti entre un aussi grand nombre d'écrivains, ce que nous avons dit de l'ouvrage dans son entier. La division morcelée supprime forcément la continuité, qui lie les faits, dans un ensemble indissolublement enchaîné. On ne trouvera donc, dans ce volume, aucun portrait entier de Napoléon et aucun jugement, qui établisse la nature de son œuvre et de son action. Ceci constaté, le fractionnement entre divers auteurs n'en devient que plus intéressant, en permettant de voir où en est l'opinion moyenne des historiens actuels sur Napoléon.

Or, on est d'abord frappé de la différence de ton, de langue, de manière de raconter qui existe entre les écrivains de la présente *Histoire générale* et leurs devanciers, les Thiers, les de Norvins, les de Ségur, et même les Duruy.

Avec ceux-là, on était transporté dans une sphère surhumaine, l'histoire se confondait avec l'épopée, le génie embellissait tous les actes, la guerre présentait un spectacle avant tout glorieux. Quand les défaites survenaient, elles étaient atténuées ou même supprimées, des agents mythologiques, la Fortune, le Sort, la Trahison, apparaissaient alors, pour prendre part contre Napoléon et ajouter leur force irrésistible à celles des ennemis. Napoléon était surhumain, les autres hommes lui étaient toujours sacrifiés, les intelligences les mieux douées, à côté de la sienne, pâlissaient comme des astres secondaires devant le soleil. Avec les écrivains du neuvième volume de l'*Histoire générale*, la superstructure épique a disparu, la langue est normale, les mots *gloire* et *glorieux* manquent tout à fait chez quelques-uns, et ne sont plus employés que sobrement par les autres; le génie de Napoléon s'est restreint et spécialisé; les agents mythologiques, tels que la Fortune, s'ils apparaissent encore de loin en loin, par réminiscence, n'ont plus de puissance effective. On est enfin dans le réel, les faits sont racontés sous leur aspect complet, la guerre n'est plus toujours idéalisée et présentée comme le passe-temps supérieur des humains; elle est montrée, en outre des actions éclatantes des champs de bataille, avec ses dessous de souffrances pour les vaincus, d'excès et d'abus de la force du côté des vainqueurs, quels qu'ils soient. La conception épique a pris fin, la conception historique l'a remplacée.

Puisque l'histoire de Napoléon. dans l'*Histoire générale*, a été fractionnée et répartie entre plusieurs, il faut regarder, en particulier, l'œuvre de chacun.

M. Aulard commence le récit par le Consulat, dont il raconte le développement. Le Consulat a été jugé, par certains historiens, comme une époque de réparation, la France se serait alors relevée de l'abaissement où le gouvernement républicain l'avait laissée. On a voulu faire de Bonaparte, premier consul, un être providentiel, omniscient, mesuré, apaisant les partis, demeurant loin des abus de pouvoir auxquels, plus tard, devaient le conduire l'enivrement du succès et la toute-puissance. On a ainsi cherché à établir entre le Consulat et l'Empire, entre Bonaparte et Napoléon une différence essentielle. M. Aulard, en véritable historien, voit et raconte les choses autrement.

Il montre que le Consulat n'est que le point de

départ de la période d'excès et de désastres qui se prépare. Il fait voir comment la centralisation administrative exagérée, destructive de toute initiative individuelle et de toute vie locale, s'établit peu à peu sur les ruines des institutions et des formes républicaines libres; il montre comment le consul Bonaparte, d'empiètements en empiètements, arrive à dominer l'État et à devenir maître de toutes choses et par conséquent développe simplement, pendant le Consulat, les formes du pouvoir absolu qui, lorsqu'elles sont bien établies, condusient à l'Empire.

M. Aulard met aussi en lumière les résistances qui se sont produites du côté des républicains et dans les corps électifs. Toutes ces créations, qui ont ramené en France, en l'exagérant, la centralisation administrative de l'ancien régime et l'omnipotence d'un chef d'état plus absolu que Louis XIV, ont été combattues par les hommes restés fidèles aux idées de liberté venues en 1789. Le despotisme naissant et en voie de s'établir a trouvé des esprits d'élite pour lui résister et prévoir ses funestes conséquences, sous les apparences d'une bienfaisance éphémère.

M. Aulard juge donc l'œuvre du Consulat à son exacte mesure. Cependant la conception qui fait du premier Consul un être essentiellement réparateur et bienfaisant, si elle ne résiste pas, de loin, au jugement de l'histoire, a certainement été celle des contemporains. Il est indéniable que l'œuvre du Consulat a séduit les hommes de l'époque, qu'elle leur a donné un contentement profond, les a transportés d'amour pour Bonaparte et les a fait acclamer la survenue de l'Empire. Il y a eu des résistances, — M. Aulard les montre, — et il s'en trouvera même sous l'Empire, mais elles ont été purement sporadiques et sans force, devant l'immense vague qui a surgi pour soutenir Napoléon dans son élévation. Napoléon a su prendre le peuple français par ses côtés les plus intimes; il s'est emparé de lui et en est resté maître après sa chute et sa mort. L'admiration sans réserve des contemporains pour l'œuvre du Consulat, la persistance du dévouement sous l'Empire, qui fait que la nation lui livre toute sa jeunesse à faire périr sur les champs de bataille et ne témoigne aucune révolte, malgré la lassitude de la guerre et le désir de paix qu'elle peut éprouver, l'élan qui, en 1815, au retour de l'île d'Elbe, remet le peuple et les soldats à ses pieds, l'épopée qui se développe sur son nom, sous la Restauration et la monarchie de Juillet et, après, amène à rétablir l'Empire au profit d'un homme nul par lui-même, mais son neveu, tous ces faits montrent, d'une manière certaine, la passion profonde d'un peuple, qui se satisfait sans tenir compte d'aucun obstacle. Les résistances républicaines que M. Aulard expose sous le Consulat ont donc été faibles, elles n'ont du reste pu se maintenir, elles disparaissent presque entièrement sous l'Empire et sont alors si bien réduites, qu'il ne reste même plus de débris d'un parti républicain organisé, qu'après, pendant la Restauration, les idées républicaines demeurent si peu comprises, que ce qui en survit ne peut exister de par soi, qu'alors les républicains, par une alliance monstrueuse, doivent s'appuyer sur Napoléon lui-même et s'amalgamer avec les bonapartistes. Il faudra de longues années pour que les républicains, supprimés par l'Empire et dénaturés sous la Restauration, puissent se dégager et revenir à leurs idées de liberté et d'indépendance. Ils n'y parviendront que sous le règne de Louis-Philippe. Ce n'est qu'alors qu'ils recommenceront à former un parti important, agissant au grand jour.

Je trouve donc l'histoire du Consulat, telle que la présente M. Aulard, judicieuse et exacte, mais je la tiens cependant pour incomplète. J'eusse voulu que M. Aulard expliquât le travail d'esprit qui s'est produit en faveur de Napoléon, qu'il recherchât par quelles raisons profondes la France s'est ainsi abandonnée. Quels sont les mobiles qui ont amené un grand peuple victorieux déjà et puissant par lui-même, à se donner tout entier à un chef militaire, à voir en lui un sauveur, un dieu? Pourquoi l'éblouissement de l'imagination a-t-il survécu à la chute de l'homme, aux invasions et aux pertes de territoire dont il a été la cause ? Tous les éléments de ces faits sont déjà établis à l'époque du Consulat, et j'aurais voulu que M. Aulard en fît l'analyse et en donnât l'explication.

M. Vandal raconte l'alliance franco-russe, qu'il prend à son origine, à Tilsitt, pour la conduire jusqu'en 1809. M. Rambaud continue par l'histoire de la rupture entre Napoléon et Alexandre, qui amène l'invasion de la Russie en 1812. Les deux récits juxtaposés forment un ensemble complet des rapports de Napoléon et d'Alexandre. M. Vandal a fait son domaine de l'alliance franco-russe, sous le premier Empire. Il est remonté aux sources, il y a obtenu des découvertes et il a certainement épuisé le sujet. M. Vandal, qui les connaît, expose les faits et les mobiles ; il ne prétend pas dissimuler les torts de Napoléon ; il est même dur pour lui, il parle « des excès, des violences et des ruses de sa politique » ; cependant il s'efforce surtout de maintenir la balance égale entre Napoléon et Alexandre. Or, quand on lit son récit, on est obligé de reconnaître qu'il n'y a pas de balance à tenir, mais que, dans les difficultés qui amènent l'invasion de la Russie, les violences et les agressions effectives sont du côté de Napoléon.

Voici ce que l'on voit, en suivant M. Vandal. A Tilsitt, deux empereurs font la paix, concluent une alliance, se partagent des territoires et s'assurent, chacun dans sasp hère, une part de domination sur l'Europe. Ils se séparent et, après cela, Napoléon s'en prend :

1° Au pape Pie VII, un homme doux, qui est venu le sacrer empereur à Paris, auquel il doit de la reconnaissance, qui est le chef de la religion de ses sujets, qu'il dépouille de ses États et tient en captivité à Savone, puis à Fontainebleau ;

2° Il s'en prend aux Bourbons d'Espagne, Charles IV et son fils Ferdinand, qui sont ses alliés, qui lui ont sacrifié leur marine à Trafalgar, qu'il fait venir à Bayonne, sans qu'ils soupçonnent de duplicité, qu'il prive alors de leur couronne et garde prisonniers, en France, à Compiègne et à Valençay ;

3° Il s'en prend à son propre frère Louis, qu'il a établi roi de Hollande, qu'il ne peut tolérer, qu'il détrône et dont il joint le territoire à l'Empire français ;

4° Il a une grande guerre avec l'Autriche et s'accroît à ses dépens des provinces Illyriennes, qu'il ajoute à l'Empire français ;

5° Il s'en prend à sa femme Joséphine qu'il répudie ;

6° Il s'en prend, pour le détrôner, au grand-duc d'Oldenbourg, le beau-frère d'Alexandre, et ajoute encore son État à l'Empire français.

Pendant ce temps, Alexandre est resté dans sa capitale. Il n'a détrôné personne, il s'est simplement accru de la Finlande que Napoléon lui a concédée, pour sa part de dépouilles et en compensation de l'amoindrissement consenti de la Prusse et des accroissements français en Allemagne et en Espagne, et il est entré dans une longue guerre avec la Turquie, de l'avis de Napoléon, où il n'acquiert au terme que la seule Bessarabie. Napoléon, avec ses combinaisons rapides et incessantes, a bien fait entrevoir à Alexandre des agrandissements merveilleux en Orient, les provinces Moldo-Valaques, même Constantinople, mais ces terres à prendre sont aux mains des Turcs et, en définitive, Napoléon ne fait rien et ne peut rien faire, pour l'aider à les acquérir et elles demeurent à l'état de mirage. Quant à Alexandre, il s'est rendu à la chimère du blocus continental et à la politique napoléonienne de haine contre l'Angleterre, il s'est mis en guerre avec elle et a supprimé tous rapports commerciaux, ce qui est pour son peuple une cause de grande souffrance. Il n'y a pas ici de balance à établir, la différence de conduite est certaine.

Comme part de torts, que voit-on du côté d'Alexandre ? Le refus qu'il aurait fait de sa sœur à Napoléon, lorsqu'il l'a demandée en mariage. Mais la demande n'a jamais été poussée suffisamment à fond, pour laisser de bien grands regrets. Pendant que Napoléon pensait au mariage russe, d'autres, autour de lui, recherchaient un mariage autrichien ; en effet, aussitôt que des difficultés s'élèvent du côté de la princesse russe, il se retourne vers l'archiduchesse Marie-Louise et l'épouse. En outre, un des obstacles qui est tout de suite apparu pour arrêter le mariage russe a été la différence de religion, qui, à elle seule, le rendait difficile, sinon impossible, et donnait ainsi à son échec une cause naturelle, qui lui enlevait le caractère d'humiliation. On ne peut donc pas dire que la non-réussite de l'union en Russie eût laissé des motifs de rancune susceptibles de contribuer à une rupture allant jusqu'à la guerre.

Il ne reste ainsi qu'un grief certain, que Napoléon ait eu à élever contre Alexandre. C'est le manque d'appui qu'il a trouvé auprès de lui en 1809, dans sa campagne contre l'Autriche. Il est évident qu'Alexandre, effrayé de l'accroissement gigantesque qûe prenait l'Empire français, ne s'est point senti disposé à y contribuer pour sa part. Il n'a donc point pesé sur l'Autriche, autant qu'il eût pu le faire pour la maintenir en paix ; il n'a agi que tardivement, par des remontrances diplomatiques inutiles et a laissé Napoléon seul aux prises avec elle. Ce souvenir est resté vivant et est un des grands arguments employés par Napoléon, au moment des conflits et de la rupture, pour les motiver. Mais, en définitive, lorsque la rupture arrive en 1812, le manque de concours eût pu être oublié, Napoléon n'en avait pas moins vaincu l'Autriche à Wagram, il était devenu le gendre de l'empereur François, et ainsi les difficultés éprouvées en 1809 étaient effacées dans leurs conséquences.

Quand Napoléon commence le conflit préliminaire à son invasion de la Russie, c'est donc lui qui est l'agresseur bénévole et déterminé. Il détrône le beau-frère d'Alexandre dans l'Oldenbourg et il veut imposer à Alexandre de fermer ses ports, non seulement aux navires anglais, mais aux navires neutres, qu'il accuse de transporter des marchandises anglaises, ce qui était la suppression totale du commerce russe.

L'historien ici, après avoir observé le détail des faits, doit s'élever dans son jugement, et reconnaître que l'invasion de la Russie en 1812 n'a point de cause qui eût pu agir sur aucun autre homme au monde que Napoléon. La rupture avec Alexandre et la marche sur Moscou viennent de la nature même de Napoléon, de son caractère agressif sans frein, de sa soif d'action sans limite. Toutes les puissances, tous les États, tous les alliés, tous les parents avec lesquels il est entré en contact, qui ont montré quelque indépendance et lui ont offert un semblant d'obstacle, il les a détruits successivement. Le tour d'Alexandre vient quand, tous les autres ayant été brisés, lui seul reste debout à frapper. Napoléon a étendu ses conquêtes à toute l'Europe, jusqu'à la Russie. Il n'a aucun motif de l'attaquer, s'il le fait, ce n'est qu'en conséquence de cette activité irrépressible qui, s'étant manifestée partout et voulant continuer à s'exercer, ne peut plus trouver de cours que contre elle. Napoléon s'était déjà jeté en Espagne, au mépris de toute justice et de toute raison, dans un goufre où se rongeaient ses forces ; il se jette en Russie, en violation encore de toute justice et de toute raison, dans un abîme, où il trouvera la ruine et le châtiment.

M. Rambaud raconte la retraite de Russie. Son récit très simple et poignant laisse la sensation d'une parfaite horreur. M. Rambaud a d'abord montré, dans la Grande Armée traversant la Pologne pour envahir la Russie, un composé de soldats pris à toutes les nations, déjà harassés, affamés, pressurant et pillant un pays ami et répandant autour d'eux l'effroi. Maintenant on voit, pendant la retraite, une armée ensevelie sous la neige, traquée par les forces ennemies, par les Cosaques, par les paysans qui noient sous la glace et enterrent vivants les traînards et les prisonniers. Après que l'armée a réussi à passer la Bérésina et à échapper aux armées russes combinées, elle se décompose tout à fait. A la Bérésina, une effroyable hécatombe s'était déjà produite des soldats combattants, des traînards et des fugitifs de toute sorte qui, à l'abandon de Moscou, avaient suivi l'armée. A Wilna, la populace exaspérée assassine les malades, les blessés, dont les corps joints à ceux des hommes morts de froid, d'excès et d'ivrognerie, transforment la ville en un immense charnier, rempli de 40.000 cadavres. Après, sur la route rendue impraticable par le verglas à chaque déclivité de terrain, les soldats abandonnent canons, voitures, bagages, jusqu'au trésor de l'armée, qui reste ainsi au pied d'une dernière rampe qu'on ne peut franchir, avec quelques chariots, qu'on avait réussi à traîner jusque-là, contenant les costumes de Napoléon et, parmi, son manteau de pompe impériale. Enfin, quelques milliers de fugitifs, débris de tous les corps, parviennent à repasser le Niémen et à rentrer en Prusse, laissant derrière eux 250.000 hommes tués sur les champs de bataille, morts de maladie, gelés ou massacrés sans compter les prisonniers.

Alors l'Europe entière se lève contre ces Français en qui, vingt ans auparavant, elle avait entrevu des libérateurs, des hommes apportant des éléments d'émancipation pour l'humanité entière. Les Français sont maintenant devenus un objet de haine pour les rois et les peuples. On les extermine en Espagne, en Russie, en Allemagne par tous les moyens, on les met hors du droit des gens, on viole partout les capitulations et les arrangements qu'on prend et qu'on signe. La coalition contre eux s'étend aux peuples les plus éloignés, même aux plus vieux alliés de la France, comme les Suédois. Après avoir été repoussée de la Russie, de l'Espagne, de l'Allemagne, la France se voit enfin attaquée sur son sol et ces sévices et ces hontes de l'invasion et de la domination étrangéres, qu'elle avait écartés d'elle avec la République, mais qu'elle avait aveuglément portés chez les autres avec Napoléon, elle apprend à son tour à les connaître et à les subir.

M. Henry Houssaye raconte la campagne de France, la lutte en 1814, sur le sol français, de

Napoléon contre les coalisés européens, Russes, Prussiens, Autrichiens. Napoléon, à ce moment, n'existait presque plus comme empereur. Il se retrouvait simple général à cheval et débarrassé, si l'on peut dire, d'une superstructure encombrante, il déploie plus brillammentque jamais ses dons de guerrier. Il ne conserve qu'une faible armée, pour lutter contre les masses envahissantes; l'énorme infériorité numérique eût désespéré tout autre. Mais, lui, immuable, sans se montrer découragé, se jette sur les armées ennemies, il leur tient tête dans leur entier, ensuite, lorsqu'elles se sont divisées, il les bat coup sur coup, séparément ; il les force ainsi à reculer ensemble deux fois, par la seule supériorité de son génie militaire.

Napoléon, dans son ordre de guerrier agressif et conquérant, a été, avec César, l'homme le mieux doué que l'histoire ait connu. César possédait un raffinement de manières, une gentilhommerie, des facultés oratoires et littéraires, un sens politique, qui manquaient à Napoléon, mais, comme guerriers, ils sont frères. Tous les deux avaient le même geste scénique, la même attitude dominatrice, la même rapidité d'action, la même grande vue d'ensemble qui combine le plan général d'une campagne, la même soudaineté d'invention et de décision sur le terrain, la même puissance d'entraînement sur les hommes à conduire. Tous les deux réunissaient cette combinaison de dons militaires et de qualités scéniques qui, au milieu du monde latin où ils sont éclos, devait les amener à fasciner les soldats et à dominer leur peuple.

M. Henri Houssaye suit Napoléon dans les derniers efforts de son art, mais il ne faut pas se méprendre, ce que Napoléon accomplissait à ce moment était de l'art pour l'art. Il retardait la chute, il ne pouvait l'empêcher. Ses forces étaient trop faibles pour ruiner l'ennemi à fond. Chaque coup qu'il portait l'affaiblissait lui-même d'une manière irrémédiable, et il combattait des hommes qui ne se laissaient plus décourager par des défaites partielles. L'issue fatale du conflit reste tout le temps évidente, dans le récit de M. Houssaye. Quand il a fallu donner le coup décisif à Blücher et aux Prussiens rangés, à Laon, sur une position formidable, Napoléon, avec ses faibles ressources, a dû y renoncer et reculer. Et lorsque Schwarzenberg et les Autrichiens ont été aux grandes prises avec lui, le général autrichien a su, une première fois, se dérober, et l'autre, attaquer si à propos, qu'il lui a enlevé l'occasion de porter des coups irrémédiables. Depuis la retraite de Moscou, une avalanche roulait sur la France. L'art de Napoléon tout grand qu'il fût, était impuissant contre des forces irrésistibles, et ses victoires de la campagne de France ne pouvaient avoir et n'ont eu en effet d'autre résultat que d'orner sa chute.

M. Vast raconte Waterloo et la seconde invasion. Il y a eu longtemps une question Grouchy, agitée à l'occasion de la bataille de Waterloo, qui a fait écrire des volumes à remplir une bibliothèque et qui est bien la plus oiseuse dissertation imaginable. L'opinion qui a mis la perte de la bataille au compte de Grouchy, manquant d'arriver à temps sur le terrain, a été du même ordre que celle qu'ont eue les anciens, attribuant la perte de la bataille de Zama à la façon dont y étaient rangés les éléphants. Dans les deux cas, l'imagination ne pouvant se résoudre à voir succomber naturellement des hommes, comme Napoléon et Annibal, qu'elle s'était représentés invincibles, est allée chercher dans des incidents grossis la cause de la ruine. On n'a pas besoin de faits secondaires pour expliquer la défaite de Waterloo.

Il y avait dans la manière d'être agressive et le caractère aventureux de Napoléon un fond de témérité qui devait finir par lui amener un Waterloo. Il avait été très près de le trouver dès Marengo, mais alors les Français étaient dans tout l'élan de l'enthousiasme, les jeunes chefs de génie existaient. Desaix était survenu et s'était fait tuer. Napoléon avait encore failli sombrer à Essling, mais là encore, il avait trouvé un grand chef, Lannes, pour maintenir les soldats et se sacrifier. Après avoir fait tuer la plupart des grands chefs et avoir écarté les survivants, les Davout et les Masséna, qui lui portaient ombrage, il n'employait plus que des généraux braves, comme Ney, mais de simples exécutants. Grouchy en était un. On n'a rien à lui reprocher. Napoléon l'a laissé sans ordres et il n'a fait que suivre les instructions primitives reçues. Il n'a certes point agi en homme supérieur, il n'a pas su découvrir et exécuter une action qui ne lui était pas commandée, mais il n'était pas un homme supérieur. Napoléon ne menait avec lui, dans la campagne de 1815, aucun chef de génie. Il finissait comme Louis XIV qui, après avoir eu les Condé, les Turenne et les Luxembourg, employait les Tallart et les Villeroy.

En 1815, les Français étaient profondément troublés par les désastres de Russie, de Leipzig et l'invasion de 1814 ; ils marchaient découragés par le sentiment qu'il fallait combattre un ennemi trop nombreux. Les Anglais avaient, au contraire, pour les animer, leurs victoires d'Espagne, les Prussiens étaient acharnés à la vengeance, Anglais et Prussiens se sentaient soutenus par l'Europe en armes derrière eux. C'est cet ensemble de conditions qui a décidé la journée. La bataille de Waterloo a été aussi normalement perdue, que celle d'Austerlitz a été normalement gagnée. M. Vast juge très bien la question, en disant que, supposé qu'on eût obtenu une victoire au lieu d'une défaite, « c'eût été une victoire à la Pyrrhus. L'Europe était déterminée à renverser Napoléon. Elle l'eût écrasé sous le nombre. Il eût trouvé partout ailleurs un autre Waterloo. »

Avec Waterloo, la fin de Napoléon est arrivée, et il ne resterait plus qu'à tracer un portrait d'ensemble, qui permît de juger l'homme définitivement. Les auteurs du neuvième volume de l'*Histoire générale* s'en abstiennent. Leur œuvre manque ainsi de conclusion. Cependant, dans ce livre publié en 1897, la leçon des choses, pour se déduire, n'a pas besoin d'être mise à part ; elle est facile à extraire de tout le récit. Il y a maintenant plus de quatre-vingts ans que Waterloo est survenu et que le premier Napoléon est tombé; plus de trente ans que Sedan est survenu et que le second a disparu. Le recul est assez grand pour comprendre quelle a été leur action. En voyant la position réduite qu'occupe aujourd'hui la France en Europe, et en la comparant à celle qu'elle tenait en 1796 et en 1848, avant la venue des Napoléon, la conclusion à tirer est évidente.

Lorsque les Français, ne sachant pas se contenter du Rhin et des Alpes, qu'ils avaient atteints et qui formaient déjà pour eux un accroissement difficile à maintenir, sont partis avec Napoléon, pour envahir l'Italie, puis l'Autriche, la Prusse, l'Espagne, et la Russie, ils sont partis pour se faire des ennemis de tous les peuples et soulever l'Europe contre eux. La grandeur que Napoléon a voulu ajouter à celle qu'il trouvait était exagérée, étendue au delà de ces limites que les leçons de l'histoire et le sens politique posent aux peuples. Il n'y a pas de coupure à faire dans la carrière de Napoléon. Il a été, du début à la fin, semblable à lui-même. Ce sont toutes ses conquêtes, tous ses accroissements qui, du jour où il s'est mis en marche pour envahir l'Italie, étaient faux, pernicieux, conçus en excès des vraies forces de la France. L'état du monde, la situation de l'Europe, se trouvaient absolument contraires à ses prétentions d'un vaste empire et de la suprématie absolue, en faveur d'un peuple particulier. Toute sa gloire, toutes ses batailles d'Italie, d'Austerlitz, d'Iéna, de Wagram, de la Moskowa ne constituent, aux yeux de l'historien et du politique, qu'un décor qui masque d'abord le soulèvement immanquable de tous les peuples. Il a déterminé, d'une manière inéluctable, l'Europe entière à se coaliser contre la France, pour la vaincre, la démembrer et la tenir réduite.

Il a certes été un grand artiste dans l'art de la guerre, peut-être le plus grand qui ait existé. Il était guerrier dans tout son être, mais, aussi, il sacrifiait toutes choses à sa passion d'action militaire. Il était sans frein. Il conduisait ses entreprises en joueur, offrant continuellement la revanche à ses ennemis. Comme tous les joueurs, il allait au-devant d'une partie suprême. Il l'a jouée à Waterloo et l'a perdue. Il devait la perdre. Il a suivi la parabole excentrique d'une comète. Il n'est apparu et n'a commencé sa course que pour disparaître. L'écroulement était fatal de son empire démesuré.

VII

LOUIS-PHILIPPE

Louis-Philippe se dégage comme un grand politique. Il a conçu d'une manière supérieure la direction à donner aux affaires étrangères de la France. Cependant, quelle que soit son individualité, elle n'a pu se développer que pendant qu'il était roi. Et, comme il s'est élevé et a disparu en même temps que la monarchie de Juillet, que c'est elle qui l'a porté, on ne saurait bien le comprendre qu'en la jugeant elle-même. Nous avons précisément, pour la connaître, l'histoire que M. Thureau-Dangin en a écrite (1). Nous allons donc y recourir. C'est certes le livre d'un partisan, mais en même temps d'un homme qui, tout en cherchant à présenter certains côtés défavorables

(1) THUREAU-DANGIN, *Histoire de la Monarchie de Juillet.* Plon et Nourrit.

sous le jour le plus avantageux, ne le fausse cependant point.

On voit tout de suite à la monarchie de Juillet une source d'irrémédiable faiblesse dans le fait que son roi, selon le droit monarchique, n'est arrivé au trône qu'en spoliant les princes légitimes. Évidemment, sa raison d'être est d'avoir rompu avec le strict principe héréditaire. Le roi légitime ne sachant se plier à un compromis avec la souveraineté nationale et s'accommoder à la révolution, on a demandé à la branche cadette un prince qui transigeât avec le peuple. Voilà l'idée. Mais, du moment que l'on prétend conserver la monarchie, il faut cependant qu'elle reste entourée d'assez de respect initial, il faut que le sentiment de fidélité qu'elle inspire, que la croyance spontanée en son droit, persistent encore, et se maintiennent. Or, dans la transmission violente qui s'est faite de l'ancien roi légitime au nouveau roi révolutionnaire, toutes ces choses ont reçu une telle atteinte, qu'il n'en subsiste plus qu'une apparence. Louis-Philippe avait déjà contre lui le souvenir de son père Philippe-Égalité, le régicide; il était réellement par trop choquant de voir le fils se montrer à son tour mauvais parent, en enlevant le trône au vrai roi, après que son père lui avait pris la vie. A tous ceux qui restaient attachés au droit strict héréditaire, Louis-Philippe ne pouvait manquer d'être un objet d'horreur; et chez les autres, même chez ses partisans, il devait subsister à son égard un fond secret d'inquiétude de conscience.

On voulait relever le trône, en 1830, après l'avoir renversé. Mais il avait déjà été une première fois mis à bas en 1793, dans une grande tourmente, qui avait bouleversé le sol national et supprimé tous les appuis traditionnels de la monarchie. Une seconde secousse comme celle qu'il subissait en 1830, que pouvait-elle lui laisser de force ? En regardant la monarchie de Juillet du côté héréditaire, on voit donc tout de suite qu'elle survenait avec des éléments de telle faiblesse, qu'elle n'entrait dans la vie que comme une forme débile.

Au moins, par ailleurs, puisqu'elle est un régime de transaction, retrouvera-t-elle, en sève et en appui, ce qui lui manque du côté de la tradition monarchique ? Nullement. Qui va lui conférer son droit du côté de la révolution, la consacrer, la marier avec la nation ? La Chambre des députés, élue sous le roi renversé, partie elle-même du gouvernement déchu. Ainsi, tout aura disparu de la monarchie légitime, sauf un seul rouage qu'on conservera isolément sur la ruine de tous les autres, et auquel on demandera de consacrer le nouveau régime. Louis-Philippe, comme roi de la révolution, est donc appelé au trône par le vote de 219 députés de l'ancienne Chambre, qui avait compté 430 membres. Mais, comment concevoir qu'une Chambre de députés d'une monarchie, qui n'est qu'un rouage entre les autres avec des attributions circonscrites et temporaires, puisse avoir le droit de changer et d'élire le monarque, qui forme lui-même la tête du système gouvernemental avec des droits héréditaires ? L'élection du roi telle que la faisait l'ancienne Chambre était un non-sens, un acte qui ne pouvait conférer aucun droit, aucune force morale, ni inspirer le moindre respect.

Et le peuple qui avait combattu et saigné sur les barricades, qu'en faisait-on ? On le supprimait. Dans un pays où une grande révolution avait fait triompher précédemment l'idée du droit populaire, où une république l'avait ensuite mis en pratique, où plus tard un empereur avait cherché sa puissance dans la masse des suffrages directement exprimés, on prétendait édifier une monarchie nouvelle sans consulter la nation, sous n'importe quelle forme.

La monarchie de Juillet se trouvait donc viciée dans ses sources mêmes, elle se produisait comme un expédient ; elle existait de fait, mais sans droit véritable, sans force morale, ni du côté de la monarchie, ni du côté de la révolution.

Après 1830, le corps électoral, ce que l'on appelle le pays légal, se trouve formé par les propriétaires fonciers payant 200 francs d'impôt direct, au nombre de 250.000. Ce corps électoral, sauf une minorité d'anciens nobles, est exclusivement composé de membres de la classe moyenne, de bourgeois. La bourgeoisie française, par sa manière de monopoliser étroitement le pouvoir, a donné un singulier exemple d'aveuglement, de manque de sens politique, de dédain des leçons de l'histoire. Elle s'est irritée depuis des siècles contre l'exclusivisme de la noblesse et contre ses prétentions à former une classe à part. Les bourgeois ont ressenti une telle colère des privilèges fermés des nobles, qu'ils se sont levés contre eux, dans une première révolution sanglante, pour les extirper et que, dans une seconde révolution, en 1830, ils leur ont définitivement enlevé ce qui leur restait d'ascendant. Et à peine ont-ils obtenu une forme de gouvernement qu'ils peuvent appeler la leur, qu'ils se trient à leur tour, s'attribuent le monopole du pouvoir et prétendent tenir tout aussi loin d'eux l'immense masse du peuple avec laquelle ils étaient autrefois confondus, que la noblesse avait pu elle-même le faire.

Les bourgeois censitaires deviennent naturellement l'objet de l'envie et de la haine des autres classes. Ils sont attaqués de tous côtés : par les légitimistes restés fidèles aux vieux rois, par les bonapartistes qui regrettent Napoléon et soupirent après un retour de grandeur militaire, par les républicains évincés, qui voient les droits du peuple méconnus. La bourgeoisie, ainsi isolée et combattue, n'a pour justifier son privilège que sa richesse. Et cette supériorité, dans un pays de vieilles mœurs militaires et de passions démocratiques, est précisément d'un genre auquel personne ne veut témoigner de déférence et accorder de droits spéciaux.

Le corps électoral sur lequel reposait la monarchie de Juillet était évidemment trop restreint pour que le pays pût l'accepter indéfiniment, d'autant plus qu'à mesure qu'il fonctionne, on y découvre un vice que le petit nombre de ses membres rendait fatal. On s'aperçoit qu'une sorte de corruption s'y déclare, qui amène individuellement les électeurs à user de leur influence, pour obtenir des faveurs personnelles ou locales. L'extension du suffrage finit donc par devenir une nécessité et l'opinion se répand qu'il y a lieu de réformer le corps électoral, en l'étendant. Les républicains prônent le suffrage universel, mais ils ne sont qu'une minorité, on les considère comme des révolutionnaires et leur demande reste sans grand écho. L'extension du droit de suffrage se précise dans la partie libérale de la bourgeoisie, parmi ces hommes qui, tout en réclamant des améliorations, ne prétendent à aucun changement de gouvernement. La réforme préconisée par ceux-là prend le nom d'adjonction des capacités, c'est-à-dire qu'aux 250.000 électeurs censitaires, on demande d'accoupler un élément tirant son droit de la preuve d'intelligence et de lumières, les savants, les professeurs, les hommes de loi, les médecins, etc., etc. Le nombre des nouveaux électeurs eut à peu près égalé celui des anciens. On voulait en définitive ajouter au corps exclusif des bourgeois riches, formant une sorte d'oligarchie, une nouvelle catégorie plus libérale, plus ouverte d'idées, plus rapprochée de la masse du peuple. C'était toujours cependant un élément bourgeois, de la même famille que celui qui détenait le pouvoir, très capable de s'amalgamer avec lui, et ainsi devant réellement le fortifier en l'étendant. Nulle mesure n'était plus modérée, ne s'imposait plus évidemment, et il semble qu'un gouvernement éclairé sur ses intérêts eût dû s'empresser de courir au-deavnt d'une telle réforme et de se l'approprier. Il eût ainsi élargi l'assise sur laquelle il reposait. Il se fût rapproché de la nation qui, tenue en dehors de toute participation à la vie publique, demeurait hostile ou indifférente. Mais la monarchie de Juillet avait vu fleurir dans son sein un groupe d'hommes qu'on appelait les doctrinaires, et vers 1847, au moment où la réforme électorale se précise, ils détiennent le pouvoir, en la personne de M. Guizot, le plus marquant d'entre eux. Or, M. Guizot refusera toute réforme électorale et se mettra résolument en travers de l'agitation qui se développe dans le pays pour la faire triompher.

Les doctrinaires étaient des hommes de haute culture intellectuelle, de grande valeur morale. C'étaient des lettrés, des écrivains, des orateurs, mais pénétrés de ce vice, auquel sont sujets les hommes de lettres, de ne point regarder directement le monde extérieur, qui, en effet, par l'habitude et l'abus des lectures, des dissertations écrites et des discours étudiés, finissent par mettre entre eux et la vie des combinaisons factices sorties de leur cerveau, qu'ils prennent pour la réalité elle-même. C'étaient encore des hommes s'imaginant, du haut de leurs déductions, posséder une supériorité infaillible sur ces mortels, qui décident au jour le jour, sans s'inquiéter de rattacher leur conduite à des principes arrêtés, mais qui cependant peuvent très bien agir avec habileté.

Personne, parmi les doctrinaires, n'a poussé plus loin que M. Guizot la propension à se laisser aveugler par des abstractions sorties de l'esprit et, du haut d'une culture de lettré, de mépriser les humains au-dessous de soi. Quand on lit ses discours, on y trouve des sentiments élevés, un bel enchaînement de doctrines et de formules, mais on découvre tout de suite qu'ils ne contiennent que des généralités, qui pourraient s'appliquer tout aussi bien à d'autres pays qu'à la France et, en fait, pratiquement, ne peuvent s'appliquer à aucun. On reconnaît surtout que l'orateur n'a point le sens de l'existence réelle autour de lui.

En effet, quel contraste entre ce bourgeois, ministre d'un gouvernement né sur les barricades, qui repousse avec dédain, non seulement le suffrage universel, mais la simple addition d'une nouvelle catégorie de bourgeois à celle qui détient déjà le pouvoir, et, par cette conduite, précipite son gouvernement dans une ruine immédiate et une aristocratie, telle que celle d'Angleterre, étendant sans cesse le droit de suffrage, puisant ainsi auprès du peuple un rajeunissement constant pour elle-même et pour sa monarchie et un féodal comme M. de Bismarck qui, sans souci de concilier les doctrines, donne le suffrage universel à l'empire qu'il fonde sur le principe monarchique et le droit de conquête, et met par là l'Allemagne à la tête de l'Europe.

Quand on a vu se développer ailleurs des aristocraties et des rois féodaux, ayant su se confier à la masse de leur peuple, aucun jugement ne saurait être trop dur pour l'homme qui n'a pas même voulu accepter, dans le cadre de son système, la bourgeoisie en entier. M. Guizot a été un ministre aveugle, doué de grands talents et cependant sans flair et sans génie, incapable de comprendre le peuple qu'il gouvernait.

En 1847, les hommes qui réclamaient la réforme électorale avaient entrepris d'agiter le pays par une campagne de banquets. Le banquet, la participation d'un certain nombre de personnes à un festin, était, à cette époque, le seul mode de réunion publique que la loi reconnût. Il s'en était tenu ainsi une soixantaine par tout le territoire. Cette suite de banquets, où les principaux orateurs de l'opposition de toute nuance avaient pris la parole, avait produit une réelle agitation, et l'hostilité contre le ministère, et en particulier contre son chef M. Guizot, était devenue générale.

Loin de céder au courant de l'opinion publique, soit en accordant la réforme demandée, soit en se retirant, M. Guizot s'acharne à la résistance et, pour montrer de l'énergie, interdit un grand banquet que les promoteurs de la réforme avaient décidé de tenir à Paris, le 22 février 1848. Les organisateurs du banquet considèrent le droit de réunion comme illégalement violé par cette interdiction. Ils décident de passer outre. Le jour fixé, un conflit s'engage entre la force armée qui veut empêcher le banquet et le peuple attroupé dans la rue. Les républicains saisissent l'occasion, prennent les armes et construisent des barricades. Ils ne sont qu'une faible minorité et cependant la monarchie de Juillet ne peut tirer contre eux aucun secours de l'appareil militaire redoutable que possède tout gouvernement établi. Elle s'est tellement isolée, que personne ne se trouve faire corps avec elle et ne se décide à la défendre. Elle s'évanouit le 24 février. Elle périssait comme un organisme affligé de faiblesse interne, qui succombe au moindre accident.

*
* *

On pourrait donc comparer Louis-Philippe à un homme mal embarqué, sur un navire de construction défectueuse, destiné à sombrer. Il a malgré tout régné dix-huit ans. Son action, dans la conduite des affaires intérieures, n'a rien eu de singulier; bourgeois lui-même de mœurs et de propensions, il a eu les vues des bourgeois; il s'est assez bien renfermé dans son rôle de roi constitutionnel et, en définitive, a laissé gouverner ses ministres.

Mais il s'était réservé la haute main sur la direction des affaires extérieures. Elles ont été tout le temps sous son contrôle. Il leur a donné sa marque. Or, sur ce terrain il a été un politique supérieur. Il a conservé la France à un rang, en Europe, qu'elle devait perdre après lui. Il lui a procuré des agrandissements dans la Méditerranée et un remaniement de territoire sur sa frontière du nord, dont elle jouit encore. Et il a obtenu ces avantages en maintenant systématiquement la paix européenne. Pour y arriver, il a dû résister aux attaques de toute une partie de la nation, qui, pleine de passions agressives, voulait sans cesse recourir à la force des armes. Le refus que Louis-Philippe a opposé aux réclamations belliqueuses de ses contemporains les a amenés à dire qu'il maintenait la paix *à tout prix*. Nous examinerons bientôt la valeur de cette opinion, mais d'abord il faut voir comment il a résolu les grandes questions de politique extérieure, qui se sont posées sous son règne.

La révolution de 1830 était naturellement venue causer la plus vive inquiétude aux monarchies qui, en 1814 et 1815, avaient restauré, en France, la dynastie légitime des Bourbons. Dans le premier moment, les anciens coalisés de 1815 regardent avec malveillance vers la France, se demandant s'ils n'auront pas à reprendre les armes contre elle. Que, tous ensemble, ils n'eussent été victorieux, comme ils l'avaient été précédemment, ne saurait faire doute. Louis-Philippe, à peine installé sur le trône, a donc comme pressante nécessité le devoir d'ôter à l'Europe monarchique toute idée que la France révolutionnaire nourrisse à son égard des intentions agressives. Il doit l'amener à rester elle-même sur la réserve. Il avait juste eu le temps de rassurer suffisamment les monarchies, pour n'avoir plus à craindre d'en être attaqué, que la révolution éclate en Belgique. Les Belges se séparent violemment des Hollandais, auxquels ils avaient été unis en 1815. Mais ce royaume des Pays-Bas a précisément été formé par l'Europe contre la France, comme une forteresse élevée sur sa frontière du nord. C'est un des postes dressés contre elle. De telle sorte que toute action, pour aider les Belges, sera non seulement un acte entrepris en dérogation des traités signés par toutes les puissances, mais encore un effort de la France pour se délivrer d'une entrave qu'on lui a imposée. Est-ce que les puissances ne vont pas considérer l'immixtion de la France, dans ces circonstances, comme une provocation dirigée contre elles-mêmes, et alors la toléreront-elles ?

Cependant le gouvernement de Louis-Philippe a tout de suite pris le parti d'agir résolument, pour maintenir aux Belges leur séparation d'avec la Hollande, et il déclare, sans réticence, à l'Europe qu'il se fera le protecteur de la Belgique. On juge alors la situation tellement périlleuse, que l'opinion qu'une guerre générale sortira de cette question se fait jour et persistera, même après que les négociations auront été engagées entre toutes les puissances, pour régler les affaires de Belgique. Cependant, par une démarche habile et rapide, faite d'abord auprès de l'Angleterre, le gouvernement de Louis-Philippe l'amène à accepter, pour son propre compte, le principe de la séparation de la Belgique et de la Hollande. Dès lors la Prusse, qui avait protesté avec le plus d'énergie contre la révolution belge et qui, comme voisine, avait déjà massé des troupes prêtes à entrer en Belgique, se tient sur la réserve. La Russie et l'Autriche au loin, moins directement intéressées, n'élèvent plus, dans ces circonstances, qu'une opposition de forme. Alors commence, entre les puissances européennes, une longue négociation où le gouvernement de Louis-Philippe déploie un mélange de fermeté et de modération et, tout le temps, agit avec une grande supériorité de vues politiques. Puis, les événements l'amènent à intervenir, jusqu'à faire entrer ses troupes en Belgique. Il en repousse les Hollandais par les armes, sans que les coalisés de 1815 songent à y mettre obstacle. La France a fait reconnaître la révolution belge par l'Europe et a ainsi substitué à une puissance hostile une nation neutre, qui lui garantit une de ses frontières les plus vulnérables, précédemment ouverte.

La monarchie légitime, à sa chute en 1830, laissait la France en possession de la ville d'Alger. L'expédition qui en avait amené la conquête avait été entreprise dans le but immédiat de châtier une injure reçue du dey d'Alger et de mettre fin à la piraterie exercée par les Algériens. Une fois maître d'Alger, on y était resté. Cependant la possession de la ville ne pouvait se concevoir sans une extension de territoire autour d'elle, et ainsi on se vit bientôt entraîné à pénétrer quelque peu dans l'intérieur, de même qu'à s'emparer d'un certain nombre de ports dépendants de la régence d'Alger. On demeure après cela plusieurs années établi sur la côte, sans avoir encore formé de plan certain d'occupation. Fallait-il se limiter au littoral ou devait-on s'étendre sur le territoire entier ? L'intérieur du pays demeurait d'ailleurs à cette époque presque inconnu, les problèmes qu'entraînait sa conquête restaient ignorés et il était impossible de mesurer les sacrifices d'hommes et d'argent qu'il faudrait faire pour réussir. Le gouvernement de Louis-Philippe hésite donc d'abord, dans la direction à donner à l'entreprise africaine. Enfin, il finit par conclure que la possession d'un empire sur la Méditerranée valait le prix à y mettre et que, plus tard, la colonisation indemniserait de l'or et du sang dépensés. A partir du jour où le gouvernement de Louis-Philippe a résolu d'occuper le pays entier, il agit énergiquement pour mener la conquête à terme. Il ne se laisse plus alors arrêter par l'opposition que l'entreprise algérienne peut encore soulever en France. Il ne se laisse non plus aucunement rebuter par la résistance acharnée que les habitants musulmans de l'Algérie opposent aux armes françaises, qui dépasse de beaucoup, en énergie et en durée, tout ce qu'on eût pu prévoir. La conquête de l'Algérie exige ainsi de longs efforts. Elle demande de très grands sacrifices d'hommes et d'argent. Elle n'est terminée et le pays ne peut être considéré comme définitivement soumis qu'au moment même où la monarchie de Juillet cesse de vivre. Mais enfin, en cédant la place à la république en 1848, le gouvernement de Louis-Philippe laisse, comme legs définitif à la France, une conquête qui peut témoigner de sa persistance de desseins et de son aptitude à mener à terme des œuvres difficiles et compliquées.

Méhémet-Ali-Pacha, après avoir massacré la milice des Mamelucks, était devenu souverain maître en Égypte. Il avait alors porté la guerre au loin, étendu sa domination sur le haut Nil, à la Nubie, fait sentir sa puissance en Arabie, par la destruction de la secte musulmane des Wahabis. Son fils, Ibrahim-Pacha, doué de grands talents militaires, commandait son armée. Elle avait été formée et disciplinée par des officiers français, qui continuaient à la diriger. Les victoires de Méhémet-Ali et de son fils avaient donc été considérées comme de vrais succès français. Dans l'état de surexcitation militaire engendré par les guerres de l'Empire, qui subsistait alors très vivant, tout ce qui touchait au prestige sur un champ de bataille quelconque ne pouvait qu'être accueilli avec enthousiasme. On en était donc venu à voir dans Méhémet-Ali le représentant d'une cause nationale. On s'exagérait tellement sa force qu'on en faisait une sorte de nouvel Alexandre, capable de dominer l'Orient.

Méhémet-Ali avait d'abord été un simple pacha, investi par le sultan de Constantinople, mais il a fini par tellement s'agrandir, qu'il se pose en rival de son souverain et entre en guerre avec lui. Ibrahim-Pacha remporte sur les Turcs une victoire complète à Nézib, en 1839. Il devient maître de la Syrie, qu'il prétend conserver et ajouter à l'Égypte. Le sultan de Constantinople se trouve ainsi atteint par l'amoindrissement de son territoire et la perte de tout prestige, vaincu et dépouillé par un de ses pachas. La question d'Orient est ouverte et l'Europe va intervenir. L'Angleterre et la Russie, les plus directement intéressées, se sont mises d'accord pour renfermer Méhémet-Ali en Égypte et lui faire abandonner ses conquêtes en Syrie. Elles entraînent avec elles l'Autriche et la Prusse. La France n'était point au fond intéressée dans la question de savoir si la Syrie appartiendrait à la Turquie ou à l'Égypte, mais elle s'est tellement engouée de Méhémet-Ali et d'Ibrahim, qu'elle épouse leur cause contre les grandes puissances, qui soutiennent les revendications de la Turquie. Convaincues que la France n'abandonnera pas Méhémet-Ali, les puissances, sous l'impulsion de l'Angleterre, signent, à elles quatre, un traité, à l'insu de la France, par lequel elles s'engagent à faire revenir la Syrie au sultan, en employant la force. La France tient ce procédé d'exclusion pour une insulte et prend comme dirigée contre elle-même la coalition formée contre son protégé. Elle y répond par un véritable cri de guerre. Elle arme et se montre prête à combattre. On s'irrite de toutes parts. L'Allemagne, à la pensée de voir les Français s'avancer sur le Rhin, répond par la colère à la colère française; les souvenirs et les passions de 1813 se réveillent. Pendant ce temps, les puissances employaient contre Méhémet-Ali les moyens de coercition. Mais la France, qui avait jugé irrésistibles en Orient les armes égyptiennes et qui, jusqu'au dernier moment, avait cru qu'elles triompheraient de la Turquie, même soutenue de l'Angleterre et de la Russie, s'était trompée. Méhémet-Ali perd la Syrie en entier, qui fait retour au sultan. Les Turcs, maintenant devenus les plus forts et pleins de leur succès, soutenus qu'ils sont efficacement par les puissances européennes, ne prétendent à rien moins qu'à déposséder Méhémet-Ali de l'Égypte elle-même et qu'à le renverser complètement.

De telle sorte que la France se voit à la veille d'une grande guerre à soutenir contre l'Europe; et le protégé au loin, pour lequel elle s'est avancée, est vaincu et va être détruit. Louis-Philippe intervient alors en sage politique. Il fait envoyer, par le ministère Thiers, qui s'est aveuglément laissé aller, comme le peuple, à la passion du moment, une note aux puissances européennes, où il abandonne le point de la Syrie pour Méhémet-Ali, mais où il insiste pour que la possession héréditaire de l'Égypte lui soit maintenue. Et, comme le ministère Thiers s'était trop engagé, il le remplace par un nouveau, mieux à même de se faire écouter de l'Europe. L'accord se produit, au moyen de la transaction réclamée par la France. Les quatre puissances pèsent sur la Turquie. Un firman solennel investit Méhémet-Ali de la possession de l'Égypte à titre héréditaire. Louis-Philippe avait ainsi obtenu l'avantage essentiel, le seul qui importât à la France, que l'Égypte fût maintenue à un homme devenu son protégé. On eût dû se restreindre à ce point dès le début. Le rattachement de la Syrie à l'Égypte n'intéressait en rien la France. Il était même dangereux pour l'Égypte, dont les forces, comme l'avenir l'a prouvé, galvanisées un moment par deux hommes supérieurs, n'étaient point suffisantes pour maintenir une domination quelconque au dehors.

Lorsque Louis-Philippe disparait en 1848, emporté par la révolution, il laissait acquis à la France trois avantages qu'il lui avait procurés : il avait placé sur sa frontière du nord une puissance neutre, il avait assuré son influence en Égypte et conquis l'Algérie. La coalisation formée en 1814 et 1815 par les puissances européennes, qui avait paru en 1830 et en 1840 prête à se renouer, n'existait plus, il en avait obtenu la dissolution. Et la France, en force et en influence, était l'égale de n'importe quelle autre nation en Europe.

* * *

La république survient en 1848. Le gouvernement provisoire, sous la direction de Lamartine, adopte à l'extérieur la politique de son prédécesseur. Les démarches qu'il entreprend auprès des puissances européennes et les déclarations qu'il leur fait, sont du même ordre que celles que le gouvernement de Louis-Philippe avaient conçues en 1830 et ont pour but d'arriver au même résultat, qui est en effet obtenu. le maintien de la paix.

La politique étrangère du gouvernement monarchique bourgeois de 1830 et celle du gouvernement républicain démocratique de 1848, sont donc, pour le fond, identiques : le maintien de la paix. Ce que les bourgeois — une minorité — faisaient, inspirés surtout par la sauvegarde des intérêts, les républicains — une autre minorité — le faisaient par des sentiments de bienveillance et d'amitié entrevus entre les nations, mais le principe qui leur était commun, l'amour de la paix, les constitue maintenant, pour l'histoire, comme s'étant trouvés également en avance de leur peuple, sur un point essentiel de progrès et de civilisation. En face d'eux, la majorité des Français voulait-elle quelque chose que la paix ne lui donnait pas, que les républicains, pas plus que les bourgeois, ne lui procuraient, et qu'elle devait par conséquent chercher ailleurs? La république ayant, en effet, mis le peuple en possession du suffrage universel et lui ayant en même temps donné la faculté d'élire le président de la République, il s'empresse de prendre pour chef le prince Louis-Napoléon, qui détruit la république le 2 décembre 1851, et rétablit l'empire. Sept millions de suffrages, à deux fois exprimés, approuvent sa conduite et lui confèrent le pouvoir absolu.

La monarchie de Juillet et la république de 1848 avaient assuré la paix. Elles avaient tenu la France, comme force et comme influence, à l'état d'égalité avec n'importe quelle autre puissance de l'Europe. Mais cela ne saurait être le programme d'un empire qui a un Napoléon à sa tête. Il lui faut quelque chose de plus. Le Napoléon, dans l'imagination, et de par les souvenirs du premier empire, doit représenter pour la France non pas l'égalité avec les autres nations, mais la prépondérance, un rang supérieur, la suprématie; et la suprématie ne s'obtient pas par la paix, elle se conquiert par la guerre. En effet l'empire, dès qu'il est rétabli, rompt avec le système précédent et se cherche une guerre.

Entre la politique pacifique de Louis-Philippe et la politique belliqueuse de Napoléon III, il n'y a pas seulement différence de conduite, dictée par des considérations momentanées, il y a un abîme. L'un a dit que la France se contentait du pied d'égalité avec les autres nations et maintiendrait alors avec elles la paix, en permanence indéfiniment; l'autre a dit que l'égalité ne lui suffisait pas, qu'il voulait mettre la France hors de pair, lui donner un prestige supérieur à celui de n'importe quelle autre puissance; et comme, en conséquence, il lui faut la guerre, il y arrive d'abord avec la Russie. Il ne l'attaque pas dans la vue de s'assurer des avantages réels, de venger de véritables injures, de soutenir une cause où le pays ait ses intérêts et son honneur en jeu; il l'attaque dans le but d'avoir la guerre pour elle-même, sans autre motif que de vaincre un ennemi quelconque, n'importe où, et de retirer de la victoire l'éclat nécessaire pour élever la France à un rang supérieur à celui que la paix, maintenue auparavant, avait pu lui donner. Mais recherchant la guerre dans un tel dessein abstrait et pour la poursuite d'une grandeur d'imagination, et la satisfaction du pur intérêt guerrier, tout le côté de prudence, de prévision d'avenir, de souci des intérêts, de ménagements envers les autres, qui doit surtout guider la politique et qui, à ses yeux, est dominant, disparaît. Aussi bien, la guerre entreprise en Crimée contre la Russie, au point de vue politique, était insensée. Le mot n'est pas trop fort.

Toutes les considérations, tous les motifs produits pour justifier le conflit, étaient faux ou imaginaires. On allait attaquer ce qu'on appelait « le colosse russe », pour délivrer l'Europe de la menace de domination et d'invasion qu'il faisait peser sur elle, mais ce n'était là qu'un vain fantôme. La Russie, invincible chez elle, n'a qu'une faible puissance agressive, et personne ne s'imagine plus maintenant qu'elle menace l'Europe et ait jamais pu la menacer. On allait protéger Constantinople et empêcher les Russes de s'en emparer, mais, en admettant que la France eût intérêt à les en écarter, ce qui est discutable, la crainte de les y voir entrer n'était encore qu'une chimère. Les Russes, laissés à eux-mêmes en 1877 et victorieux des Turcs, n'ont même pas pu occuper momentanément Constantinople. Il a suffi d'une démonstration de l'Angleterre, sans effusion de sang, pour les faire sortir de la Turquie. La France et l'Angleterre, en 1853, auraient pu retenir, par les voies diplomatiques, la Russie dans les limites où elle l'a été depuis, ce qui était le maximum de contrainte que le sens politique commandait de lui imposer. La

France, en 1853, allait faire la guerre à la Russie pour l'empêcher d'agir, dans sa légitime sphère d'action, en délivrant les chrétiens grecs du joug des Turcs ; elle allait défendre cette même Turquie contre qui elle avait avec acharnement soutenu Méhémet-Ali en 1840, ne s'inquiétant nullement, à cette époque, de l'affaiblir ou d'amener sa ruine. La France allait à Sébastopol, alliée de l'Angleterre, pour détruire la marine russe, que son intérêt évident et le sens politique le plus élémentaire lui eussent au contraire commandé de défendre, attendu que, l'Angleterre étant omnipotente sur mer, il est à l'avantage de la France de voir se développer, en contrepoids, toutes les marines secondaires. Mais la France, en Crimée, ne se contente pas de prendre Sébastopol et d'anéantir la flotte russe existante, elle impose à la Russie l'obligation perpétuelle de rester sans marine dans la mer Noire. De telle sorte que la Russie, mise sous le coup d'une humiliation et d'un dommage perpétuels, ne pourra oublier sa défaite et devra rester indéfiniment hostile au fond à la France, soupirant après la chute de la puissance française pour se relever.

Le gouvernement de Napoléon III, par la guerre de Crimée, a bénévolement aliéné 80 millions d'hommes, et, pour obtenir ce résultat, il a sacrifié 100.000 soldats et prodigué des trésors.

Et cependant, cela est indéniable, la guerre de Crimée a causé à la France une pleine satisfaction. Les batailles de l'Alma et d'Inkermann ont été accueillies avec une joie profonde. La manière brillante dont s'est terminé le siège de Sébastopol, par l'assaut de la tour Malakoff, a causé un enthousiasme immense. La France a eu alors la sensation d'un grand relèvement. Elle a cru qu'elle reprenait ses destinées interrompues. En contrastant l'état supérieur où elle croyait s'élever avec celui qu'elle considérait comme abaissé où Louis-Philippe et les républicains de 1848 l'avaient maintenue, elle s'est applaudie de son changement de gouvernement. Le nouveau Napoléon a joui, à ce moment, d'une popularité véritable ; la masse du peuple a vu en lui l'instrument de la grandeur retrouvée.

Puisqu'on avait si bien commencé, on allait continuer. Et quoique toutes les raisons de prudence, le sens politique, les prévisions d'avenir, eussent dû commander à Napoléon III, arrivé à l'apogée après la guerre de Crimée, de se replier sur lui-même, il ne voit, au contraire, dans le succès obtenu qu'un excitant à de nouvelles entreprises. Il va donc maintenant attaquer l'Autriche. Cette puissance, au loin, ne faisait point ombrage, elle ne nourrissait contre la France aucun mauvais dessein, mais elle tient la main sur l'Italie et opprime les Italiens. Que la France s'intéressât aux Italiens et, avec ses sentiments généreux, se fût, en cas de conflit européen, entremise en leur faveur, que, dans certaines circonstances, elle eût été jusqu'à les secourir par les armes, n'aurait rien eu que de naturel. Cependant, attaquer l'Autriche en plein calme, sans avoir contre elle de griefs propres, et avec le programme indéterminé d'aider d'une manière quelconque les Italiens, était une entreprise dans laquelle seul pouvait s'engager un gouvernement recherchant, en réalité, la guerre pour elle-même, et, après s'être élevé sur la Russie vaincue, désireux de s'élever, de la même manière, sur une nation de plus. Alors apparaissent de nouveau l'infatuation et l'absence de jugement.

En entrant en Italie, Napoléon III doit s'attendre à y déchaîner la révolution et à y mettre en péril le pouvoir temporel du Pape, menacé au premier chef. Or, il le soutient précisément, en occupant Rome. Il a pris la ville après un siège en règle, a détruit la république romaine et ramené le Pape. Il est resté à Rome, y reste et y restera indéfiniment, décidé à l'y maintenir. De telle sorte que, quand Napoléon III, allié à la maison de Savoie, entre en Italie pour en expulser les Autrichiens et, par conséquent, pour y déchaîner la révolution, il s'engage dans une entreprise opposée à la première qu'il a déjà faite et poursuit. Il se combat presque lui-même. Il persévérera ainsi indéfiniment à vouloir suivre deux politiques contraires, sans opter entre elles. Il battra les Autrichiens à Magenta et à Solférino, pour soutenir les Italiens et se retournera contre eux et les battra à Mentana, pour soutenir le Pape. Aussi, la guerre dans laquelle il s'engage soulèvera-t-elle contre lui les amis et les ennemis du Pape et de l'Italie, les conservateurs et les révolutionnaires, également froissés, également mécontents. Elle sera une source d'inextricables difficultés qui, en se ramifiant, finiront par amener sa chute.

Cependant, Napoléon III, vainqueur des Autrichiens, est appelé à donner sa nouvelle forme à l'Italie. Il propose une confédération, où les divers États se grouperaient sous la présidence du Pape. Il eût pu ainsi réaliser la chimère de combiner les deux éléments qu'il soutient, en même temps, celui du vieux conservatisme, représenté par le Pape, et celui de la révolution, personnifié dans la maison de Savoie. Cet essai de marier des puissances irréconciliables avorte d'abord, sans pouvoir prendre corps ; son néant apparaît à tous les yeux. Alors c'est l'alliée, la maison de Savoie, accrue déjà de la Lombardie, qui prétend s'emparer de toute l'Italie et qui y parvient en effet, presque entièrement, en dépossédant la plupart des princes italiens, après avoir bravé ou endormi l'empereur Napoléon III, obligé de subir les conséquences de l'action où il s'est jeté.

Mais la maison de Savoie a une tradition, aussi vieille qu'elle, dictée par la nature des choses, c'est d'osciller entre la France et ses ennemis, de s'appuyer sur l'une ou sur les autres ou de les combattre indifféremment, selon que les circonstances et ses intérêts l'y amènent. Elle a suivi cette conduite de tout temps, ouvertement, et surtout à l'époque de Louis XIV, où le duc de Savoie, après avoir donné sa fille en mariage au Dauphin, le duc de Bourgogne faisait la guerre, avec la coalition européenne, à la France, à son gendre et à sa fille. En effet, la maison de Savoie, aussitôt qu'elle a obtenu tout ce qu'elle peut se promettre de la France, va la délaisser. D'ailleurs la France lui en donne elle-même le motif. Elle lui refuse Rome, qu'elle convoite avec passion pour en faire sa capitale. Puis, la France n'est point parvenue à expulser complètement les Autrichiens de l'Italie, qui se maintiennent redoutables derrière le Mincio. La maison de Savoie, ne pouvant obtenir de la France Rome et la Vénétie, regardera ailleurs et, comme des difficultés en Allemagne vont s'élever entre l'Autriche et la Prusse, elle verra tout de suite dans celle-ci l'auxiliaire qui lui permettra de s'accroître à nouveau. Elle passera donc, selon ses traditions et son système de bascule, de l'alliance française à l'alliance prussienne.

Ainsi, quand on arrive à 1866, où vont commencer les changements de l'Allemagne, la politique napoléonienne a eu pour résultat d'aliéner deux des grandes puissances militaires de l'Europe, la Russie et l'Autriche, et de créer une grande Italie, placée aux mains d'une dynastie, prête à abandonner la France pour se joindre à ses ennemis.

Un peuple dont les affaires sont conduites de la sorte s'en va évidemment à la ruine. On est en train de miner le sol sous ses pas et de lui creuser une fosse. Et cependant, la guerre d'Italie, après celle de Crimée, a été considérée, par la majorité des Français, avec orgueil. Les victoires de Magenta et de Solférino ont été encore plus acclamées que celles de l'Alma et d'Inkermann. A la suite des deux guerres qu'elle venait de faire, la France s'est crue tout à fait sortie de l'abaissement où elle avait eu la sensation d'être tombée et d'avoir été maintenue. Elle a ressenti une telle satisfaction de la conduite suivie, qui lui semblait avoir prouvé sa supériorité militaire et établi sans conteste sa puissance supérieure, qu'aucun soupçon qu'elle eût à redouter des dangers pour l'avenir ne lui est venu.

Pour s'expliquer un tel aveuglement, il faut comprendre que la France se maintenait alors dans un état d'esprit spécial. Elle ne conduisait pas sa politique, selon ce que l'étude des faits et la balance des forces lui eussent commandé, elle voulait l'adapter à un état de grandeur abstraite, la hausser à un degré de supériorité conforme à un idéal, qu'elle avait dans l'imagination. Elle tenait les yeux sur un type auquel elle prétendait atteindre, celui de la suprématie qu'elle avait un moment possédée après les guerres de la Révolution et la survenue de Napoléon. Depuis bientôt un demi-siècle, en effet, l'imagination, par tous les moyens que peuvent fournir la littérature, la poésie et les arts, s'était appliquée sans relâche à raconter et à peindre, en les idéalisant, la grandeur et les victoires du premier empire. A force d'embellir le passé et de ne le représenter que sous le côté favorable, la réalité avait fini par céder la place à une fiction éblouissante, l'histoire avait été remplacée par l'épopée. Et dans cette épopée, la France s'était tellement plongée, qu'elle avait fini par croire que, sans certains accidents, la grandeur fugitive se fût effectivement réalisée et eût pu devenir un état normal. De la sorte, les Français n'ont plus connu les motifs de défiance, pour se limiter dans leurs aspirations. Les leçons à retirer du passé leur ont manqué. Les événements défavorables, les points faibles du caractère national, les revers et les défaites que la véridique histoire eût tenus en lumière, ayant été supprimés par l'épopée, les Français n'ont plus pensé que les règles de prudence, applicables aux autres, le leur fussent à eux-mêmes. Ils se sont crus, surtout pour la guerre, supérieurs naturellement. Dès lors, la prépondérance sur les autres nations leur a paru réalisable. Ils ont donc voulu l'obtenir ; et, quand ils ont eu rétabli l'empire d'un Napoléon et que celui-ci a recommencé la grande guerre en Europe et a semblé s'élever par la victoire à une position dominatrice, il a simplement accompli ce que la France attendait de lui. Dans ces dispositions d'esprit, on devient incapable de découvrir, par-dessous le décor de la victoire et le spectacle de la grandeur éphémère, les dangers que les succès du moment préparent pour l'avenir. On est réellement halluciné. Et alors, on regarde avec dédain, par comparaison, le simple état d'égalité où la conduite pacifique du roi Louis-Philippe et de la république de 1848 avait maintenu la France; on n'y voit plus que la mise en œuvre d'une politique timide, sans grandeur, méprisable, dont on se félicite d'être sorti.

L'empereur Napoléon III étant intervenu dans les affaires de la Russie, de l'Autriche et de l'Italie, ne pouvait manquer non plus de se mêler à celles de l'Allemagne. Un conflit s'était élevé entre la Prusse, dirigée par M. de Bismarck, et l'Autriche, pour savoir qui des deux prédominerait en Allemagne. L'empereur Napoléon III se laisse circonvenir et, avec son assentiment, la Prusse et l'Italie s'allient pour attaquer l'Autriche. Le mouvement de bascule que l'Italie projetait, passer de l'alliance française à l'alliance prussienne, est ainsi amené et approuvé par l'homme même qui gouverne la France. L'incapacité politique n'a jamais été plus grande. La France, à partir de ce moment, roule aux abîmes. Elle a sur les bras une expédition désastreuse au Mexique, qui absorbe les ressources qu'elle devrait consacrer à entretenir et à perfectionner son armement. Sadowa éclate comme un coup de foudre. On découvre tout à coup, au-delà du Rhin, une grande Allemagne unie, passée aux mains de la Prusse victorieuse. Dès lors, entre le gouvernement militaire d'un Napoléon et le gouvernement militaire de la Prusse, un conflit, pour décider qui des deux dominerait l'autre et aurait la prééminence, devenait certain. En juillet 1870, la candidature du prince de Hohenzollern au trône d'Espagne amène la guerre. L'Allemagne, conduite par la Prusse, envahit la France, fait prisonnier Napoléon III à Sedan. La France, sans alliés, ne voyant aucune puissance qui veuille intervenir auprès du vainqueur pour modérer ses prétentions, doit subir une chute et un démembrement tels qu'elle n'en avait pas connus dans son histoire.

Le second empire, comme le premier, pour avoir voulu imposer sa suprématie à l'Europe et avoir prétendu dominer tous les peuples par les armes, périssait par les armes.

*
* *

C'est Louis-Philippe qui avait raison.

Il avait reconnu, avec un coup d'œil supérieur, que la paix devenant l'état normal de l'Europe, la France devait conformer sa politique particulière à celle des autres peuples, et que les avantages à obtenir à l'extérieur, pour être durables, devaient s'adapter au maintien de la paix générale.

Il ne vivait pas, lui, dans l'épopée, il regardait l'histoire. Il y voyait que la politique extérieure outrée de Louis XIV et de Napoléon, que leur prétention à la suprématie absolue, avaient armé toute l'Europe contre la France. Que si Louis XIV, après dix ans d'une guerre dernière désastreuse, avait échappé, à grand'peine, à l'invasion et à l'abaissement total, Napoléon, lui, n'avait pu s'y soustraire, et, à deux fois, avait amené les ennemis à Paris. Il avait compris qu'une conduite prudente s'imposait désormais. Que les autres nations supporteraient encore moins à l'avenir les prétentions françaises à la suprématie, qu'elles l'avaient fait dans le passé. Que la France, ne possédant, en face des autres peuples, qu'une force relative, devait se contenter d'une influence de même ordre et que, dans ces circonstances, l'égalité avec n'importe quelle autre grande puissance était l'état normal auquel elle pût prétendre.

Il avait vu aussi que le groupement où se trouvaient les peuples en Europe était le meilleur à se promettre. Que tout remaniement qui pourrait naître de la guerre s'accomplirait au détriment de la France et changerait l'équilibre des forces à son désavantage ; et, alors, en homme soucieux des intérêts confiés à sa gestion, il avait évité la guerre, qu'il jugeait ne pouvoir être que funeste.

Il avait maintenu la paix et s'était montré prudent, mais sans pour cela s'abaisser. Dans tous ses démêlés, à l'occasion des affaires de Belgique et d'Égypte, avec les différentes puissances européennes prises isolément ou unies toutes ensemble, il avait été, à diverses reprises, aux dernières limites des revendications à élever, sans entrer en guerre ; et si, au dernier moment, la paix entre les deux partis avait été maintenue, c'est par des concessions réciproques sans que l'honneur de la France eût été atteint. Le reproche que lui ont fait tant de ses contemporains, d'avoir maintenu la paix à tout prix, voulant dire qu'il sacrifiait le prestige national, n'a aucun fondement. Ce sont ses contemporains qui, enflammés par les souvenirs militaires du passé et pleins d'une exaltation guerrière maladive, désiraient réellement, eux, la guerre à tout prix et qui, en conséquence, ont été se précipiter à l'aveugle, avec Napoléon III, dans des guerres néfastes où la fortune de la France a sombré.

Il est dans la vie des peuples, comme dans celle des individus, des époques où il faut savoir changer de conduite et adapter son existence à des conditions nouvelles modifiées. Louis-Philippe est survenu à l'époque qui allait marquer pour l'Europe, et eût dû marquer pour la France, la substitution de la vie pacifique, comme état permanent, à la vie guerrière, comme état normal. Il a donc donné la paix pour fondement à sa politique. Avec lui on a vu que la guerre, au lieu d'être louée, comme un passe-temps joyeux, héroïque, à rechercher pour la gloire, était considérée comme une calamité, comme un fléau à repousser. Mais le passage de l'état de guerre à l'état pacifique, la France n'a pas d'abord voulu l'accepter; elle a résisté. Pénétrée des souvenirs militaires de toute son histoire, éblouie par les guerres récentes de la Révolution et de l'Empire, elle a trouvé terne et plate la vie pacifique mise sous ses yeux, elle a jugé grossier et dépourvu de chevalerie le but nouveau qu'on voulait donner à ses efforts, consistant à travailler pour s'enrichir et pour accroître la simple prospérité nationale. Cependant c'est Louis-Philippe qui avait raison. Il avait justement vu que des temps nouveaux étaient proches, où la guerre allait tomber en désuétude, où l'influence d'une nation se mesurerait à sa valeur intellectuelle, où la force et l'extension des peuples dans le monde dépendraient surtout de la richesse à laquelle ils pourraient atteindre et de la puissance industrielle et commerciale qu'ils sauraient développer.

Louis-Philippe a été un précurseur. Il a été méconnu, comme tous les hommes qui vont en avant. La France a fait une chute profonde, pour avoir repoussé la ligne de conduite qu'il préconisait. Depuis lors, imparfaitement relevée, elle a dû adopter et suivre cette même politique de paix systématique, qu'elle avait d'abord considérée avec dédain. Il ne se trouve plus personne maintenant, pour qualifier la paix devenue permanente, de paix maintenue à tout prix. La France se sentirait tout à fait relevée de sa chute et replacée à une situation dont elle s'enorgueillirait, si elle pouvait retrouver l'état où l'avaient gardée la monarchie de Juillet et la république de 1848. Louis-Philippe conservait à la France sa force et ses frontières, il lui évitait les désastres. En examinant la façon dont il a géré les affaires extérieures, et en voyant la manière dont le second empire les a dirigées après lui, on ne peut manquer de reconnaître qu'il a été un grand politique et un grand patriote.

VIII

LA GUERRE FRANCO-ALLEMANDE DE 1870-1871

Le commandant Rousset a écrit une histoire militaire de la guerre franco-allemande, qui est un excellent traité (1). Il s'applique à dire la vérité, telle qu'elle lui apparaît, quelque désagréable et pénible qu'elle puisse être. Il a conscience, en la recherchant et en l'exposant, d'accomplir un devoir et il a raison. Il donne donc un livre d'enseignement; il remplit ainsi le rôle du véritable historien, qui est d'éclairer et, en présentant les fautes et les folies du passé, aider à en éviter le retour, autant que possible. Le livre se distingue heureusement par son esprit de ces récits de guerre qui ont si longtemps prévalu en France,

(1) *Histoire générale de la guerre franco-allemande*, 1870-71, par le commandant Rousset. Paris. A la Librairie Illustrée.

où on ne voyait jamais s'étaler que des victoires, où les revers étaient masqués, dissimulés ou bien supprimés. Le ton dithyrambique, le style épique dominaient alors les écrits et présentaient à l'admiration du lecteur un peuple invincible, n'ayant plus de commune mesure avec ses voisins. C'est cette sorte de littérature longtemps maîtresse qui a pénétré les esprits d'une confiance aveugle et a conduit la France aux désastres que le commandant Rousset raconte. A la suite d'un long optimisme et d'un contentement de soi sans bornes, on en était venu à ne plus avoir aucune idée des conditions qui, seules, pouvaient assurer le succès dans la grande guerre. L'opinion résolvait le problème militaire par le déploiement supérieur du courage aveugle, de la force déchaînée, et l'intelligence, la science qui doivent intervenir, en première ligne, dans les choses de guerre comme dans toutes les autres, ne trouvaient plus de place et demeuraient méprisées.

Le commandant Rousset expose la faiblesse causée aux diverses armes de l'armée française, dans leur essence même, par le dédain persistant de la science, le manque de hautes études et l'oubli de l'intelligence. Les formations et l'emploi de l'infanterie pour le combat avaient vieilli et ne s'adaptaient plus aux conditions de l'usage d'armes à longue portée et à tir rapide. Les officiers, tenus dans les exercices routiniers de la caserne et des champs de parade, manquaient d'expérience pour diriger les troupes en pleine campagne et ne savaient utiliser les accidents du sol, les couverts et se plier aux multiples nécessités des terrains mouvementés. La cavalerie, restée dans la tradition des charges sur les carrés d'infanterie, ne pensait qu'à les répéter. Elle avait perdu de vue sa fonction essentielle, qui est de se lancer au loin pour découvrir les mouvements de l'ennemi. Pendant la guerre, elle manquera tellement à remplir sa mission d'éclairer que le commandant supérieur restera tout le temps ignorant des grandes combinaisons stratégiques de la partie adverse, qu'il lui importerait le plus de connaître et qui sont destinés à amener la perte même des armées françaises. L'artillerie, demeurée elle aussi pleine de confiance dans ses mérites passés, n'était point au courant des innovations réalisées ailleurs. Elle devait reconnaître, dès les premières rencontres, que son matériel se trouvait, comme portée et comme nombre de pièces, inférieur à celui de l'ennemi, que son système traditionnel de combat avait été remplacé en Prusse par une méthode nouvelle, où la hardiesse, la mobilité, l'emploi avancé des canons donnaient au tir la supériorité sur le sien.

Le recrutement à l'aide de la conscription ne procurait que des effectifs insuffisants et était, en outre, vicié par l'abus du système d'exonération à prix d'argent. Les effectifs prévus se trouvaient encore diminués en réalité par le nombre restreint des remplaçants, qui faisait que la place demeurait vide, dans les rangs, d'une part de ces hommes qui s'étaient exonérés du service. Les réserves de l'armée, destinées à la grossir en temps de guerre, n'étaient pas régulièrement soudées à la partie active et ne pouvaient lui être rattachées qu'avec embarras et délais. La dernière réserve, la garde nationale mobile, n'était ni encadrée, ni instruite.

Le manque de système régulier et de fonctionnement méthodique dans la mobilisation apportait un élément de désarroi et de retards irrémédiables à l'entrée en campagne. Les corps envoyés à l'ennemi étaient formés de régiments venus de partout, qui se réunissaient pour la première fois, sans s'être étroitement connus. Les hommes des réserves rejoignaient leurs régiments déjà en route, sans savoir au juste où et comment ils les trouveraient, et les corps arrivés à la frontière avaient encore derrière eux, à la traîne, une partie de leur force. Le matériel de toute sorte n'étant point d'abord et déjà affecté à chaque corps selon ses véritables besoins, était pris arbitrairement à divers arsenaux et envoyé aux corps dans le même désarroi que les réserves. Les arsenaux, à la suite de l'expédition du Mexique, restaient d'ailleurs mal pourvus, et le matériel d'artillerie se trouvait particulièrement insuffisant.

Quand on a ainsi reconnu les éléments de faiblesse qui pénétraient au plus profond toutes les parties de l'organisme militaire, à la fin du second empire, il devient évident que la France ne pouvait être victorieuse et que, dans le grand corps à corps qui s'engageait entre elle et l'Allemagne, celle-ci devait avoir le dessus. Mais le succès de l'Allemagne eût pu demeurer après tout très relatif, la France eût pu se défendre longtemps sans se laisser entamer et, sinon aller jusqu'à porter la guerre sur le sol de l'ennemi, au moins arriver, par un grand effort, à repousser l'invasion du sien, sans un vice suprême, celui-là tout à fait ruineux, le manque absolu d'intelligence, de science, d'aptitude qui se révèle, par surcroît, dans le haut commandement. Les chefs ne savent plus ce qu'est la grande guerre. Il y a de nombreux sous-ordres excellents; des divisionnaires, des chefs de corps, en ligne de bataille, accompliront, dans leurs limites circonscrites, des actions remarquables; les officiers de troupe sont dévoués et courageux; les soldats ont le sentiment de l'honneur, ils combattront avec acharnement dans les premières rencontres, et même, après que des défaites répétées auront ôté tout espoir de vaincre, ils se feront encore, en partie, tuer en désespérés. Mais, aussitôt qu'on atteint la sphère supérieure, qui domine les actions de détail et imprime la conduite d'ensemble, l'incapacité est absolue et générale, car elle se montre chez tous ceux qui d'abord commandent en chef et s'étend, après l'insuccès des premiers, à ceux qu'on appelle à les remplacer. Il faut examiner, dans le détail, cette maladie, telle qu'elle se révèle dans la grande guerre à la fin du second empire, car elle arrive alors à une intensité, qui ne s'était encore jamais vue en France, même au moment des plus grandes défaillances.

C'est l'empereur Napoléon III qui est le chef de l'armée, qui exerce le commandement, ayant pour second le maréchal Lebœuf, ministre de la Guerre et major-général. Ils dirigent à eux deux la mobilisation et sont responsables du choix du terrain, pour le placement des troupes et pour le plan de campagne. Or, on constate d'abord qu'ils ignorent toutes les règles à observer. On a vu des souverains, des généraux se tromper grossièrement, former des combinaisons initiales vicieuses et courir au-devant de la défaite ; l'histoire est pleine d'exemples ; mais dans le cas de l'empereur Napoléon III et du maréchal Lebœuf il y a, s'il se peut, quelque chose de plus. Il y a absence de toute conception bonne ou mauvaise ; l'ineptie est poussée à un tel point, qu'on peut dire qu'on a affaire à des gens sans aucune vue sur l'art de la guerre, procédant comme des amateurs qui se mêleraient de choses hors de leur sphère. Ils ne disposent pas leurs troupes de manière à en obtenir un ensemble, à en faire un ou deux blocs, qui seront des armées ; ils les étendent, les fractionnent, les éparpillent le long de la frontière ayant au milieu les Vosges pour les séparer. On dirait qu'il s'agit simplement de garder le territoire contre les incursions de contrebandiers ou de maraudeurs. Les corps doivent ainsi s'organiser longtemps immobiles, à l'extrême frontière, sous les regards de l'ennemi, sans pouvoir ensuite utilement se concentrer ou se soutenir les uns les autres. Pendant que l'unique armée française, qui s'appelle l'armée du Rhin, étend son long ruban, les Allemands forment en arrière, à l'abri des yeux, trois armées très supérieures en nombre qui s'avancent ensuite en masse compacte. Et, quand elles vont aborder la ligne française et livrer bataille, le même jour, sur deux points, les deux corps, les premiers joints, seront atteints sans que leurs chefs sur le terrain, pas plus que l'empereur et son major-général, en arrière, aient prévu leur approche et aient connu leur nombre et leur plan d'attaque.

Cependant l'empereur et son major-général avaient fini par reconnaître que leur cordon dispersé sur une immense étendue les empêchait d'exercer une direction d'ensemble sur les corps : ils les ont donc divisés entre deux maréchaux. Le maréchal Bazaine commandera en avant de Metz les 2e, 3e et 4e corps, et le maréchal de Mac-Mahon en Alsace les 1er, 5e et 7e corps. Le maréchal de Mac-Mahon a eu une division du 1er corps battue et refoulée le 4 août à Wissembourg, par l'avant-garde de la IIIe armée allemande, sous les ordres du prince royal de Prusse, qui, après avoir franchi la Lauter et la frontière, pénètre en Alsace.

Le maréchal de Mac-Mahon se place, pour barrer la route, à Frœschwiller, en avant des Vosges. Il n'a point reconnu la force de l'armée à combattre, qui est tellement supérieure en nombre, que sa victoire est d'avance certaine, car, s'il l'eût reconnue, il se fût replié dans les défilés des Vosges, tout près en arrière, où il eût trouvé protection. Il accepte donc la bataille que recherche l'ennemi. Il ne concentre point toutes ses forces. Des deux divisions que comprend le 7e corps, il n'en appelle à lui qu'une seule et laisse l'autre dans le Haut-Rhin. Il n'appelle non plus à lui qu'une seule des divisions du 5e corps, mais si peu à temps, qu'elle ne pourra le rejoindre qu'après la bataille. Le maréchal de Mac-Mahon, réduit au 1er corps et à une division du 7e, n'a guère plus de 40.000 hommes. L'ennemi ne déploie d'abord que des forces restreintes, mais, une fois le combat engagé, il ne cesse de s'accroître. La disproportion des forces devient énorme. L'infanterie résiste longtemps, les hommes font tout ce que le courage peut faire. La cavalerie se sacrifie, d'ailleurs en pure perte; des régiments se précipitent sur des terrains défavorables, boisés et couverts de maisons, où ils sont tout de suite détruits. Le maréchal de Mac-Mahon a fini par laisser arriver sur lui une telle masse d'ennemis sans penser à la retraite, il a si bien laissé passer le moment d'opérer n'importe quel mouvement régulier, son armée est tellement épuisée et compromise, qu'elle va être entourée et coupée. Alors elle cède tout entière en déroute et les hommes se précipitent pêle-mêle vers les Vosges, pour éviter d'être faits prisonniers.

Le désastre était immense en lui-même et par ses conséquences. Le maréchal de Mac-Mahon avait 10.000 hommes hors de combat, il laissait plus de 6.000 hommes, une aigle, 28 canons, une partie de ses bagages et de son matériel aux mains de l'ennemi. L'Alsace entière était perdue. Strasbourg allait être investi, avant qu'on eût pu préparer sa défense. La barrière des Vosges tombait du même coup ; les troupes étaient dans une telle débandade qu'on ne pouvait songer à s'arrêter pour la défendre. Les corps en avant de Metz restaient découverts et l'ennemi, certain de ne plus être inquiété sur ses derrière et sa gauche, allait pouvoir entreprendre un mouvement tournant autour d'eux, d'une hardiesse extrême, qui devait amener leur perte. La partie de l'armée encore intacte et le pays entier passaient de la confiance la plus grande à une angoisse, à un affolement qui portaient atteinte à la valeur morale des troupes et allaient compliquer la question militaire, devenue sinistre, de l'insurrection à Paris et de troubles politiques.

Le jour même où le maréchal de Mac-Mahon était vaincu à Frœschwiller, le 6 août, le général Frossard et le 2e corps, attaqués à Spickeren, subissaient une défaite. La Ire et la IIe armées allemandes, pendant que la IIIe entrait en Alsace, s'étaient avancées sur la Sarre, vers la Lorraine. Le général de Kamecke, commandant une division à l'avant-garde de la Ire armée, trouve les ponts de la Sarre intacts, devant Spickeren; il les passe et se lance à l'attaque du 2e corps français, en gravissant les hauteurs au sommet desquelles il est placé. Le général de Kamecke, qui n'a que sa division, est dans une grande infériorité numérique, en face du 2e corps français qui en a trois. Cependant le général Frossard ne combine aucun mouvement d'ensemble, qui lui permettrait d'user de sa supériorité, pour rejeter l'assaillant sur la Sarre, qu'il a dans le dos. Le général de Kamecke reste ainsi trois heures, cramponné aux bois et aux positions qu'il a d'abord occupés, menacé tout le temps de succomber, mais sauvé par le manque de coup d'œil de son ennemi. On entend le canon et, comme les armées allemandes marchent en masses compactes, les troupes les plus voisines du général de Kamecke peuvent arriver à son secours. Elles accourent par fractions de brigades, de régiments, l'artillerie et la cavalerie devançant l'infanterie. Les Allemands ne cessent de se renforcer. Le général Frossard a laissé passer l'occasion de vaincre : c'est lui maintenant qui doit résister à des forces qui, graduellement, deviennent supérieures, jusqu'à ce que, le soir, aucun secours ne lui étant venu et se voyant tourné sur une de ses ailes et forcé sur l'autre, il dût se mettre en retraite. Ses pertes et celles de l'ennemi se balançaient. Il se repliait sur Metz, battu, mais non point en déroute, et sans être poursuivi.

Les nouvelles des défaites de Frœschwiller et de Spickeren arrivant, en même temps, le 6 août au soir, au quartier général de l'empereur à Metz y portèrent la consternation. L'empereur et son major-général, le maréchal Lebœuf, qui ont dès l'abord montré leur impéritie, sont appelés à faire face subitement à la plus horrible situation, à trouver un plan d'action ou de retraite à une armée déjà affaiblie par des défaites et à donner des ordres immédiats à des corps, qui se sont maintenant en partie emmêlés et en partie restent disséminés sur un immense espace. Aussi la confusion et le désarroi sont-ils complets; c'est un échange incessant d'ordres et de contre-ordres dans toutes les directions. Enfin, lorsqu'on voit que l'Alsace et les Vosges sont bien perdues et qu'on peut être tourné à droite de Metz, l'empereur pense qu'on ne saurait défendre la Lorraine. Il se résout à replier l'armée sur Châlons pour barrer le chemin de Paris. Mais maintenant les considérations politiques entrent en jeu et viennent compliquer et empirer la situation militaire. L'impératrice régente et son gouvernement, informés par l'empereur du projet d'abandonner la Lorraine, jugent qu'il produirait un effet tellement désastreux, pour la dynastie, sur l'esprit public, qu'ils l'exhortent à y renoncer. Il y renonce donc momentanément.

L'empereur et son état-major croient découvrir un champ de bataille favorable sur la Nied et ils s'y arrêtent. Mais ils s'y trouvent encore trop exposés ; ils se remettent en retraite et viennent chercher protection sous Metz, cependant de la plus mauvaise manière, en pelotonnant l'armée devant les forts et les murs. Ils ont ainsi, dans le dos, la ville et la Moselle à traverser, pour continuer la retraite.

L'opinion publique était déchaînée contre l'empereur et son major-général dont l'impéritie éclatait. La révolution grondait dans Paris et le gouvernement de l'impératrice contraignait l'empereur à se défaire d'abord de son major-général, puis à abandonner lui-même le commandement en chef, pour le transmettre au maréchal Bazaine, que la voix du pays et de l'armée désignait comme le meilleur successeur.

L'homme en qui la France avait mis son espoir, le maréchal Bazaine, très brave au feu, s'était distingué en sous-ordre jusqu'au grade de divisionnaire. C'était un officier, dans son genre, tel qu'en possédait alors en grand nombre l'armée française, propre à commander au second rang, impropre à commander en chef et incapable de toute action exigeant une vision supérieure. C'était un engagé volontaire, dépourvu ainsi de l'instruction première que donnent les écoles et de la haute culture militaire due aux études théoriques. C'était un petit esprit, et encore plus, un esprit — tous ceux qui ont pu le juger en ont témoigné — sans décision, embarrassé devant les résolutions nettes, par conséquent enclin à laisser les choses aller toutes seules. Par surcroît, au plus profond, c'était un homme vil, capable des actions les plus louches et les plus tortueuses. L'armée du Rhin, dans les circonstances périlleuses et presque désespérées où elle se trouvait, tombant au pouvoir d'un pareil homme, devait succomber. Il eût fallu un grand caractère et un grand esprit, on n'avait qu'un homme sans caractère et au-dessous de la médiocrité.

L'empereur remet le commandement au maréchal Bazaine le 12 août. Il lui recommande de reprendre la retraite vers Châlons interrompue. Le maréchal Bazaine se met en effet en mesure d'accomplir le passage de la Moselle et donne des ordres en conséquence. On a perdu l'équipage de pont de l'armée, tombé aux mains de l'ennemi à Spickeren; le génie, pour réparer cette perte, a dû jeter quatre ponts de chevalets sur la Moselle. Ils ont été mal construits, trop bas, à ras d'eau; une crue survenue les submerge et, lorsqu'il faut faire passer les troupes le 12 et le 13, on doit les arrêter et attendre que les ponts soient mieux établis. Enfin, ils sont praticables le 14, et l'armée s'ébranle. Le passage s'accomplissait, des corps étaient déjà sur la rive gauche, lorsqu'un général de brigade, le général de Goltz, placé à l'avant-garde de la Ire armée allemande, sur la rive droite de la Moselle, reconnaît que l'armée du Rhin abandonne son campement et se met en marche pour passer la Moselle. Il veut arrêter ou contrarier le plus possible ce mouvement et lance, sans attendre, sa brigade contre les troupes françaises en face de lui. Le général de Goltz, qui connaît l'objectif général des armées allemandes, qui sait qu'elles cherchent à cerner Metz par un mouvement tournant, a compris qu'il fallait, à tout risque, retarder la retraite de l'armée du Rhin et la retenir le plus longtemps possible sur la rive droite de la Moselle, pour donner aux corps qui accomplissent le mouvement tournant la faculté d'arriver.

Mais, puisqu'il est d'un intérêt suprême aux Allemands de livrer bataille aux troupes sous Metz pour les y attarder, il est d'un même intérêt aux Français d'éviter la bataille, de continuer, d'accentuer même leur mouvement de retraite, pour laisser les Allemands, si bon leur semble, se heurter aux forts de Metz. Loin de là, le maréchal Bazaine donne dans le panneau. Il accepte le combat. Ni lui ni les chefs de corps qui vont s'engager n'ont compris le sens de l'agression qui se produit. Comme le général de Goltz, qui a d'abord attaqué seul, est ensuite soutenu par les forces allemandes placées à ses côtés ou en arrière, le maréchal Bazaine engage lui-même toutes les troupes qu'il a sur la rive droite, dont il arrête la retraite. Le général de Ladmirault, avec le 3e corps, qui avait en partie déjà passé sur la rive gauche de la Moselle, ramène de lui-même son corps entier sur la rive droite, pour prendre part à l'action. La bataille s'étend en avant de Borny et du fort Saint-Julien. Le soir on reste maître du champ de bataille, sur lequel on s'arrête. On est dans la joie. L'empereur félicite le maréchal Bazaine, son état-major le loue, on lui dit qu'il a enfin rompu le charme et ramené le succès; la presse de Paris, aux nouvelles venues de Metz, témoigne son allégresse. Cette soi-disant victoire causait, au moment où il n'y avait plus une heure à perdre, un retard pernicieusement décisif.

La retraite, interrompue par la bataille de Borny, a été reprise le 15 août au matin. Mais le maréchal Bazaine a prescrit la mise en marche de son armée, en une unique et immense colonne, ce qui ne permet de s'avancer que lentement. En outre, comme on a une ville à dos, l'armée, avec toutes ses voitures et ses équipages, s'entasse aux faubourgs, sur la route bordée, pendant un long espace, par des maisons; un effroyable encombrement se produit et la retraite en est encore retardée. Enfin, le 16 au matin, l'armée sortie du vallon de la Moselle s'est élevée sur les plateaux de la rive gauche, et les corps, engagés sur la grand'route de Metz à Châlons par Verdun qu'on doit suivre, se sont avancés jusqu'à Vionville.

Alors on est attaqué en plein flanc, sur la gauche, près de Rezonville, par le IIIe corps prussien, qui lui aussi a franchi la Moselle, et on a devant soi le Xe corps prussien, envoyé pour couper la route de Metz à Châlons, qui, en effet, pendant que le IIIe corps attaque, va se jeter sur Mars-la-Tour, l'occuper et barrer le passage. L'espace intermédiaire entre les deux corps est tenu par l'artillerie allemande, qui a commencé à canonner, soutenue par la cavalerie. L'armée du Rhin était tournée. Les Allemands avaient déjà pu réaliser, en partie, leu dessein de la couper dans sa retraite sur Châlon

Voici donc ce qui s'était passé. Dès que le désastre de Frœschwiller eut fait disparaître de la campagne les trois corps d'armée du maréchal de Mac-Mahon et ouvert le passage des Vosges à la IIIe armée allemande, on avait bien senti que le reste de l'armée du Rhin, sur la frontière, en avant de Metz, allait se trouver dans une situation périlleuse, découvert sur sa droite et exposé à être tourné. Cependant, si on s'est rendu compte du danger, d'une manière générale, on n'a eu aucun élément pour le préciser, en suivant les armées allemandes dans leur marche et en voyant, jour par jour, leur position exacte. Elles s'avancent couvertes par un grand rideau de cavalerie, qui les éclaire sur les mouvements des Français et en même temps masque complètement les leurs. De telle sorte qu'en pensant à se retirer sur Châlons, on n'a point compris la nécessité de se hâter; on a donc constamment tergiversé et perdu du temps. L'empereur a d'abord discontinué la retraite sur les exhortations de l'impératrice; il a perdu du temps arrêté sur la Nied, puis il en a perdu pelotonné devant Metz, puis le maréchal Bazaine en a perdu à attendre que les ponts fussent prêts, puis il en a perdu en livrant la bataille de Borny, puis un nouveau délai a été causé par l'encombrement à la traversée de Metz et, de retard en retard, on se trouve maintenant devancé sur la rive gauche de la Moselle par l'ennemi.

Le 16 août, l'armée du Rhin livre la bataille de Rezonville. Les pertes se balancent, environ 16.000 hommes de chaque côté. Les Français, attaqués tout le temps, gardent leurs positions et par conséquent peuvent s'attribuer tactiquement le succès, mais les Allemands, étant parvenus à arrêter l'armée du Rhin dans sa retraite et, à la fin de la journée, se maintenant à Mars-la-Tour et ainsi continuant à couper la route de Châlons, ont acquis un grand avantage stratégique.

Le maréchal Bazaine pouvait-il, comme on a cherché à le soutenir, reprendre, malgré tout, la retraite sur Châlons le lendemain et avait-il chance de la faire réussir en utilisant les routes détournées de Conflans et de Briey? Que le maréchal Bazaine, au-dessous de son rôle de général en chef par sa petite intelligence, eût pu entreprendre, après Rezonville, une opération aussi périlleuse que la marche sur Châlons, par des voies latérales, et eût pu la faire réussir, en parvenant à se mouvoir et à résister en même temps aux attaques sans cesse renouvelées des Allemands continuellement renforcés, est difficile à admettre. Il est vraisemblable que la tentative eût amené un prompt désastre.

Le lendemain de Rezonville, il reporte donc son armée vers Metz, pour l'appuyer à la forteresse. On a prétendu que ce recul était dû à des calculs inavouables; on n'a pas voulu y voir un simple mouvement militaire. On a dit qu'en agissant ainsi le maréchal n'avait fait que mettre à exécution l'idée préconçue de ne pas s'éloigner de Metz, qu'il y était revenu pour s'y ménager l'avenir et, à l'écart, se servir de l'influence que lui donnait le commandement de son armée, pour s'engager avec l'ennemi dans des trames d'ambition. Les faits examinés de sang-froid ne confirment point cette supposition. Plus tard, lorsqu'il a été bloqué dans Metz, le fond de vilenie qu'il possédait s'est en effet révélé par des actes criminels de compromission avec l'ennemi, pour lesquels il a été justement flétri et condamné. Mais aucune preuve ne permet de faire remonter le commencement de sa félonie aux premières batailles devant Metz. Il avait pris le commandement le 12 août et, dès le 16, quatre jours après seulement, il eut déjà formé tout son plan futur de machinations ! En outre, sa survenue n'introduit aucune donnée nouvelle dans la marche des événements, qu'il faudrait expliquer par sa perversité morale. On est allé de chute en chute avant qu'il ait pris le commandement, de même qu'on y va pendant qu'il l'exerce. A l'armée de Châlons, où c'est un autre qui a la direction, le désarroi sera plus grand qu'à l'armée du Rhin, l'incapacité, les hésitations, les fautes seront au moins égales et la catastrophe finale sera plus prompte. Loin que son intérêt et ses vues d'ambition eussent pu porter le maréchal Bazaine, au lendemain de Rezonville, à s'enfermer dans Metz, où il devait bientôt se trouver privé de vivres à la merci d'un ennemi sans pitié, son intérêt évident eût été de vaincre, s'il l'eût pu, et de ramener ensuite son armée triomphante vers Paris, où il eût été acclamé comme un sauveur, par l'enthousiasme irrésistible du peuple entier. On ne peut donc voir d'abord dans ses hésitations et sa timidité que la faiblesse d'un homme qui, à un moment tragique, succombe sous un poids trop lourd pour lui et qui, incapable de résister en rase campagne à un ennemi supérieur, vient chercher, sous une forteresse, appui et refuge.

Le surlendemain de la bataille de Rezonville, le 18 août, les Allemands livrent une nouvelle bataille à l'armée du Rhin, rangée de Saint-Privat à Metz. A ce moment, ils avaient eu le temps de faire arriver sur le terrain les Ire et IIe armées en entier, et leur effectif était tellement supérieur qu'elles devaient vaincre. Le 18 août, 125.000 Français luttent toute la journée contre plus de 200.000 Allemands sans se laisser entamer. Mais les Allemands ont continué leur grand mouvement tournant et enveloppant. Le maréchal Bazaine, avec son manque de jugement, au lieu de placer ses réserves près de son point faible et susceptible d'être tourné, la droite, les a tenues sur sa gauche, appuyée à Metz. Il a en outre mis à la droite le moins bien armé de ses corps, le 6e, qui a rallié l'armée le dernier, avec une artillerie incomplète. Le 6e corps, commandé par le maréchal Canrobert, après avoir repoussé toute la journée les attaques de front, le soir doit supporter le feu d'une formidable artillerie que l'ennemi concentre sur lui; sa faible artillerie est démontée ou impuissante. Il subit alors de nouvelles attaques de front, auxquelles viennent se joindre, sur son flanc, celles du XIIe corps saxon, qui a marché toute la journée pour le déborder. Il ne peut résister à cette irruption, à la dernière heure, de masses très supérieures. Il abandonne le terrain et se reporte en arrière sur le 4e corps, dont il entraîne aussi la retraite. Le lendemain, l'armée du Rhin, maintenant complètement tournée et refoulée par les Ire et IIe armées allemandes, se repliait tout entière, dans le camp retranché de Metz, d'où elle ne devait sortir que prisonnière.

La colère causée à la nation par les premières défaites, qui avait eu pour conséquence de faire enlever le commandement de l'armée à l'empereur, avait amené à Paris un changement au gouvernement. L'impératrice-régente avait appelé le général Cousin de Mautauban, comte de Palikao, à constituer un ministère, en remplacement de celui de M. Émile Ollivier, renversé par un vote du Corps législatif. Le général de Palikao, premier ministre et ministre de la Guerre, devenait l'arbitre des décisions militaires à prendre. On avait reconstitué une armée à Châlons sous les ordres du maréchal de Mac-Mahon. Deux partis se présentaient pour son emploi : la replier vers Paris qu'elle protégerait contre un siège, ou bien l'envoyer vers Metz au secours du maréchal Bazaine. L'armée de Châlons ne comptait qu'environ 130.000 hommes ; elle était composée des 1er, 5e et 7e corps ramenés d'Alsace, reconstitués avec des réservistes et d'un nouveau corps, le 12e, formé en partie avec des réservistes, groupés en régiments de marche. Elle comprenait ainsi des hommes ayant subi une déroute, dont le moral restait profondément troublé, et des soldats de réserve, peu sûrs d'eux-mêmes; son chef, le maréchal de Mac-Mahon, venait de prouver à Frœschwiller son inaptitude à commander dans des conditions difficiles. Diriger cette armée sur Metz, c'était ouvrir le chemin de Paris, c'était en outre l'envoyer sûrement à l'abîme, perdre les dernières ressources de la France. Cependant le général de Palikao n'hésitera pas, il empêchera que l'armée de Châlons soit ramenée sous Paris, il lui imposera la marche vers Metz, il n'écoutera aucune remontrance de qui que ce soit à Paris, il restera sourd aux résistances de l'empereur et du maréchal de Mac-Mahon à Châlons, il enverra 130.000 hommes amoindris par la défaite, mal commandés, à la rencontre de toutes les armées allemandes qui, renforcées, maintenant rejointes et unies, forment une masse de plus de 300.000 hommes, exaltés par la victoire et dirigés par un très grand chef, le général de Moltke. On est ici en pleine démence.

Il est vrai qu'on a dit que la marche de l'armée de Châlons vers Metz avait dépendu de considérations politiques et avait été dictée par l'intérêt dynastique. Pour l'impératrice, son conseil de régence et même la plupart des ministres de son choix, cela est vrai, mais non pas pour le général de Palikao. Il n'était pas, lui, un homme politique, il n'était pas inféodé à la dynastie, il n'avait alors aucune raison particulière de lui être dévoué ou reconnaissant, elle l'avait laissé de côté, sans l'employer, dans la formation des armées. L'impératrice n'avait été le chercher à Lyon, où il commandait, pour lui confier le ministère, que parce que le prestige que lui donnait son expédition de Chine et la prise de Pékin en faisaient, dans l'état de perdition où se trouvait l'empire, un homme tutélaire. Rien ne l'obligeait donc à la soumission. Il était bienvenu de la nation qui, à la recherche de chefs capables, avait voulu voir en lui un général autrefois victorieux, à même de diriger maintenant avec succès les affaires de la guerre. Soutenu par l'opinion devenue menaçante, d'accord avec le maréchal de Mac-Mahon opposé à la marche sur Metz, le général de Palikao eût pu incontestablement ramener l'armée de Châlons sous Paris; toutes les considérations d'intérêt dynastique de l'impératrice et de ses conseillers bonapartistes, dans un sens contraire, eussent été vaines. Pourquoi donc a-t-il agi comme il l'a fait?

Tout en admettant qu'il se soit laissé influencer dans une large mesure par l'impératrice et les purs bonapartistes et qu'il ait cédé à leur pression, il n'a cependant pu entrer dans leurs vues que s'il a cru que le mouvement vers Metz devait réussir. Autrement, lui, ministre, eût été un pur scélérat d'obtempérer à une demande devant causer la perte d'une armée dont il était responsable, et un scélérat se détruisant lui-même, car l'anéantissement de l'armée de Châlons devait ruiner sa réputation de grand homme de guerre et devait le faire tomber du ministère et du pouvoir, auxquels il tenait certainement, puisqu'il a cherché à s'y cramponner au dernier moment, même après Sedan, même après que le gouvernement de l'impératrice était condamné. Quand on a donc examiné la question sous toutes ses faces, on est conduit à reconnaître que, si le général de Palikao a imposé la marche de l'armée de Châlons sur Metz, c'est qu'il a cru qu'elle pouvait réussir. C'est-à-dire qu'il n'a rien compris à la situation générale des affaires militaires et à la direction à donner aux armées. Il ne s'est rendu compte, ni du nombre des ennemis, ni de leur situation inattaquable, ni de l'impossibilité de faire prendre une offensive vigoureuse à une armée mal composée. Les questions dominantes en guerre, des lignes d'opération, des dispositions stratégiques d'ensemble, de mouvements sur un vaste échiquier, lui étaient fermées. En lisant les étonnantes déclarations qu'il produit à la tribune du Corps législatif sur les opérations militaires, en lisant le livre, dénué de tout argument, qu'il a publié pour expliquer ses décisions comme ministre de la Guerre, on sent en effet un homme qui n'a aucune notion de science militaire pure, et qui ignore tout le côté théorique et transcendant de son art. On avait donné au maréchal Lebœuf un successeur aussi dépourvu de lumières que lui. On avait simplement pris, pour se diriger, un homme qui, ayant fait passer avec succès une armée européenne à travers des bandes de Chinois et ayant acquis ainsi à bon marché la réputation de grand homme de guerre, allait prouver au poste de ministre que jamais réputation n'avait été moins méritée.

Après le général de Palikao, la perte de l'armée de Châlons est due au maréchal de Mac-Mahon. Il s'était cependant rendu compte des dangers que présentait la marche sur Metz. Il a immédiatement compris que son armée, en l'entreprenant, avait toutes les chances d'y périr, sans aucune d'arriver jusqu'au maréchal Bazaine. Il résiste donc d'abord à la pression que le gouvernement de l'impératrice et le général de

Palikao exercent sur lui, pour le décider à secourir Metz. Dans un dernier conseil de guerre tenu au château de Courcelles, il a pris la résolution formelle de revenir sous Paris et il l'a communiquée au général de Palikao. Puis, tout à coup, sans qu'aucun changement se soit produit dans une situation dont il connaît le danger, sur une dépêche qu'il reçoit du maréchal Bazaine, du reste obscure et ambiguë, mais où il croit lire que l'armée du Rhin va chercher à sortir de Metz, il décide de se porter vers elle. Alors il commence une marche lente, décousue, où les contre-ordres, les arrêts, les retours, les changements de direction finissent par ôter toute confiance aux troupes.

Le général de Moltke a réuni contre l'armée de Châlons une masse de plus de 200.000 hommes, qu'il dirige sur elle à marches forcées. Le maréchal de Mac-Mahon sent venir l'ennemi et, pour se protéger, il a porté son armée au-delà de la Meuse. Seul le 5e corps, sous les ordres du général de Failly, attardé sur la rive gauche de la rivière, reste exposé aux attaques directes de l'ennemi, avec lequel il est déjà entré en contact. Malgré cela, à l'étape de Beaumont, le corps entier bivouaque dans une pleine quiétude. On dételle les chevaux de l'artillerie et des convois, qu'on mène à l'abreuvoir. Les hommes se mettent à faire la soupe, les généraux déjeunent dans la petite ville. Les précautions les plus élémentaires pour se garder ont été négligées. La cavalerie ne parcourt nullement le pays, on n'a pas de grand'garde au loin. Tout à coup, à 600 mètres, l'artillerie allemande, bientôt soutenue par l'infanterie, débouche des bois qui dominent le village et tire en plein sur le campement français. On court aux armes dans la panique et la confusion. Le général de Failly cherche à se maintenir à Beaumont même, sans y réussir ; il doit reculer sur des hauteurs, où il ne peut non plus se défendre que momentanément ; enfin, le soir, de recul en recul, il réussit à mettre la Meuse entre lui et l'ennemi. Le 5e corps avait perdu 5.000 hommes, tant hors de combat que prisonniers, et 42 pièces de canon et ses convois et ses bagages.

Après cette déroute, le maréchal de Mac-Mahon, encore très loin de Metz, ayant l'ennemi sur sa droite et la Belgique sur sa gauche, renonce à pousser plus loin vers l'est et il se rabat sur Sedan, pour chercher à se maintenir en communication avec la France. Puis, au lieu de continuer à marcher, il s'arrête à Sedan ; il y reste dans un cul-de-sac, sans ligne de retraite. Son armée se trouve ainsi séparée de la France par la

Meuse, qui s'avance d'abord vers la frontière de Belgique, ensuite se replie brusquement et forme une boucle, fermant le passage. Les armées allemandes sont arrivées devant Sedan, au sud ; elles déploient, de chaque côté, des ailes qui, en passant la Meuse et s'élevant vers le nord, vont s'infléchir et se joindre, pour envelopper l'armée de Châlons dans une irrésistible étreinte. Le maréchal de Mac-Mahon n'a point découvert la manœuvre dirigée contre lui, il ne s'est point rendu compte de l'imminence et de l'immensité du péril, il a perdu toute la journée du 31 août arrêté.

Le 1er septembre, la bataille de Sedan s'engage par l'attaque des Bavarois sur Bazeilles, sans que le maréchal de Mac-Mahon ait encore formé de plan d'action. Il monte à cheval pour aller reconnaître le terrain, lorsqu'à 6 heures du matin il tombe blessé par un éclat d'obus. On l'emporte. Il a désigné comme successeur le général Ducrot, le chef du 1er corps. Celui-ci s'est, pour sa part, rendu compte du mouvement général que les Allemands opèrent autour de l'armée, il en comprend toutes les conséquences, il voit qu'une fois l'opération stratégique d'enveloppement accomplie, toute résistance deviendra illusoire et que, quels que soient les détails du combat, le désastre final sera complet. Il veut donc sortir du lieu de perdition sur lequel le maréchal de Mac-Mahon s'est placé. Il ordonne une retraite générale. Il se repliera immédiatement sur Mézières, en contournant la boucle de la Meuse, qui barre la route. Ah enfin ! voici venir, pour la première fois, depuis l'ouverture des hostilités, un chef qui a une vue d'ensemble et qui découvre les projets de l'ennemi !

Cependant, à peine le général Ducrot a-t-il pris la décision qui, seule, peut sauver l'armée et, sinon la ramener en France, au moins lui ouvrir en dernière extrémité l'accès de la Belgique, que le général de Wimpffen survient, revendique le commandement et maintient le combat, tel qu'il est engagé. Le général de Palikao l'avait envoyé commander le 5e corps, retiré au général de Failly. Il lui avait en outre remis une lettre de service l'investissant du commandement en chef, en cas d'empêchement du maréchal de Mac-Mahon. Le général de Wimpffen ne s'était pas d'abord prévalu de sa lettre, mais, lorsqu'il voit se produire la retraite ordonnée par le général Ducrot, il intervient et la montre. Pourtant il ne faisait que d'arriver à l'armée de Châlons. Il n'a point eu le temps de se renseigner auprès du maréchal de Mac-Mahon ou des chefs de corps sur l'état des opérations. Il fallait une singulière confiance en soi, pour réclamer le commandement dans de telles circonstances. Il ne sait donc rien pour l'avoir appris et, par lui-même, n'a rien vu, rien découvert. Le général Ducrot veut lui expliquer l'immensité du péril et lui faire comprendre pourquoi la retraite s'impose impérieusement. Il reste fermé à ses explications. Il regarde un détail de la bataille, il trouve que l'infanterie de marine résiste avec avantage à Bazeilles et, sur ce simple incident, il juge la retraite inutile et garde l'armée sur ses positions. Elle avait perdu sa dernière chance, à la dernière heure, d'échapper. Le soir, tout entière effondrée dans Sedan, elle était à la merci de l'ennemi, et le général de Wimpffen, par un juste châtiment de sa suffisance, devenait le signataire de la capitulation.

Ainsi voilà huit hommes en succession, un empereur qui s'appelle Napoléon, deux ministres de la Guerre, le maréchal Lebœuf et le général de Palikao, trois commandants en chef d'armée, le maréchal de Mac-Mahon, le maréchal Bazaine et le général de Wimpffen, deux chefs de corps laissés à eux-mêmes, le général Frossard et le général de Failly, qui tous se révèlent incapables de diriger ou d'exercer utilement le commandement et se montrent ignorants des parties élevées et théoriques de l'art. Entre leurs mains, une force militaire de 300.000 hommes, composée en partie de vieux soldats, disparaît en un mois et devient tout entière prisonnière de l'ennemi. Évidemment une chute aussi complète de l'intelligence dans le commandement, de même que les vices organiques, qui pénètrent alors toutes les parties du système militaire, sont venus de causes générales qui ont dû opérer lentement et de longue date. Et pour les découvrir, il faut chercher au plus profond et regarder non seulement l'armée, qui porte et produit les chefs, mais aussi la nation, qui porte et produit l'armée.

La cause première des infirmités qui éclatent en 1870 apparaît tout de suite dans l'épopée napoléonienne, que l'imagination a développée sous la Restauration et la monarchie de Juillet et qui a, ensuite, amené la venue du second empire. L'épopée s'est substituée à la véridique histoire, pour raconter le règne de Napoléon; elle a recouvert, par des légendes et des tableaux faux, une partie de la réalité. Elle a supprimé de son cadre les défaites et les désastres de la fin ou les a colorés et transformés de telle sorte, qu'au lieu d'y puiser une leçon et des raisons de se méfier, ils sont devenus des événements dont on a tiré autant d'admiration de soi, qu'on le faisait des victoires elles-mêmes. Les vraies causes d'où naissent les succès en guerre et celles aussi d'où viennent les revers ont par là disparu de l'esprit et on a perdu de vue que la supériorité militaire était chose éphémère, susceptible de passer, selon les circonstances, d'un peuple à l'autre. On a donc pensé qu'après l'avoir une fois connue, on la retrouverait et la garderait toujours. De cette façon, le Français a été amené à se croire supérieur comme guerrier aux autres hommes, appelé à vaincre tout naturellement, par un don inné. Il n'y a plus eu de commune mesure entre lui et ses voisins. Le Français, après s'être représenté comme victorieux quand même sous Napoléon et avec lui, a fini par croire qu'il devait l'être ensuite, partout et toujours, et cette notion, qui existait en germe dans son esprit, a dominé, lorsque, sous le second empire, les victoires de Crimée et d'Italie sont venues ajouter un élément de satisfaction nouveau à l'ancien qui persistait. Une fois que cet état d'esprit a été invétéré, on a commencé à perdre de vue les efforts de tout ordre, les sacrifices personnels, le dévouement patriotique, le travail d'intelligence qui s'imposent à une nation, pour lui permettre de prétendre à la victoire. On se jugeait supérieur en soi et dès lors, au moment de combattre, la supériorité naturelle entrant en jeu devait, par elle-même, se produire et à elle seule assurer le triomphe.

Puis l'épopée, en possession de la littérature, a été aidée par les autres arts et surtout ceux du dessin qui, en mettant les batailles et les faits de guerre sous les regards du peuple, les lui ont présentés à leur façon. Or, comme la partie scientifique et élevée de la guerre, les questions d'organisation, de stratégie et de tactique, sont choses qui n'entrent pas dans la sphère épique et qui échappent à la poésie et aux arts, toutes les descriptions et les images de guerre ont été avant tout scéniques et décoratives. On n'a plus vu dans le général le savant, l'homme de grand esprit qui doit s'y trouver, on a exclusivement regardé l'homme à cheval, intrépide au combat. Le type de général qui seul est ainsi devenu populaire a été de l'ordre le plus simple, relativement facile à rencontrer, celui du guerrier qui anime les troupes par son courage. On a réservé son admiration pour des hommes comme Ney, le brave des braves, combattant en Russie le fusil à la main, ou comme Murat, écuyer héroïque, chargeant à la tête de la cavalerie. L'idéal une fois établi s'est perpétué, et on s'est enthousiasmé pour Lamoricière, entraînant ses zouaves à l'assaut de Constantine, et Mac-Mahon, plantant le drapeau tricolore sur la tour Malakoff. Le chef combattant, convenable jusqu'au grade de divisionnaire, est devenu le type absolu à rechercher, même pour le général en chef. Alors on n'a plus du tout pensé que la grande science et la grande intelligence étaient essentielles sur un champ de bataille. On s'est ainsi trouvé reporté, après des siècles, à la manière instinctive de comprendre et de pratiquer la guerre qui avait été celle des chevaliers du Moyen Age.

L'armée a été peut-être encore plus pénétrée que la nation par le travail persistant, fait pour idéaliser indistinctement toutes les actions de guerre et populariser le type de l'officier scénique. Ce que la littérature et l'art embellissaient, en créant l'épopée napoléonienne, c'étaient en définitive ses actions et elle ne pouvait qu'être fière de l'image qu'on lui présentait d'elle-même et la tenir pour bonne. Le travail de critique rétrospective, que les hommes du métier auraient pu faire sur les faits de guerre passés, pour expliquer, par leurs vraies causes, les défaites et les désastres après les victoires, a complètement manqué. Dans l'armée comme dans la nation, on n'a plus voulu voir les défaites et les accepter à l'état de conséquences venues logiquement : on a donc fini par croire qu'on n'avait jamais été naturellement vaincus. Une fois entrée dans cette voie, l'armée dans toutes ses branches a conservé du système militaire napoléonien l'image d'une éternelle perfection. Elle a eu ainsi devant les yeux un idéal fixe, auquel elle s'est rattachée aveuglément, et la routine est devenue de la sagesse. Pendant que tout se transformait autour d'eux, les hommes de guerre français se tenaient immobiles. En Allemagne, par des innovations et des progrès incessants, on adaptait l'armée aux conditions du monde nouveau, tandis qu'on maintenait en France, avec complaisance, un système suranné. Les études théoriques, les longues recherches, demandant l'application de hautes intelligences, devenues inutiles puisqu'on n'avait rien à découvrir, on n'a plus trié, pour les porter au premier rang, les hommes intelligents, on n'en avait nul besoin et ils ont fini par s'éteindre, confondus dans la masse.

Le rétablissement de l'empire, la venue d'un nouveau Napoléon a été un fait qui a porté à son comble la tendance à se maintenir dans l'ornière. Le nouvel empereur, redevable de son élévation à l'éblouissement causé par l'ancien, devait se rattacher à lui le plus possible. Il était naturel qu'il cherchât à imiter servilement, surtout dans les choses de guerre, le devancier de qui il tenait l'existence.

Le second empire a encore eu, en propre, une influence décisive sur le haut commandement, pour n'y laisser arriver que les hommes médiocres. Il est en effet de l'essence d'un gouvernement de cet ordre, où la source de l'autorité vient de la gloire et du prestige militaires, que le chef suprême ne puisse tolérer à côté de lui de chefs dont l'éclat l'éclipserait. Cette fatalité apparaît pendant toute la durée de l'empire romain. Ou l'empereur, lorsqu'il n'est pas guerrier, comme Auguste, maintient la paix, ou, s'il est obligé à la guerre, il ne peut souffrir de vainqueur, même dans sa famille. Tibère voit tout de suite un ennemi dans Germanicus, et Néron fait mettre à mort Corbulon, qui se révèle comme grand général. Après les premiers Césars, l'empereur, qui est acclamé par les soldats, doit être un guerrier prépondérant. Il subsiste aussi longtemps qu'on ne lui découvre pas de rival, qu'on lui croit supérieur et qu'on lui préfère. Lorsqu'on lui en trouve un, on le lui substitue. Cette fatalité, chez un empereur militaire, de ne pouvoir supporter de rivaux, Napoléon Ier y est soumis, tout prépondérant qu'il soit. A mesure qu'il règne, que les premiers généraux de grande intelligence ont été en partie supprimés ou tués, on le voit écarter les survivants. Ceux qu'il avance lui-même, qu'il choisit, sont de purs sous-ordres.

de simples généraux de combat. Il ne s'en trouve plus un seul capable de commander en chef. Aussi, dans ses dernières campagnes, en Saxe en 1813, en Belgique en 1815, ses lieutenants détachés vers l'ennemi sont-ils invariablement battus ou manquent-ils à découvrir, pour les exécuter, les actions qui ne leur ont pas été commandées, mais que des circonstances imprévues exigeraient. La pente sur laquelle Napoléon Ier avait été entraîné de ne point employer d'hommes qui pourraient devenir ses compétiteurs, Napoléon III s'y laisse pleinement aller et, attendu qu'il a été aussi mal doué que possible comme guerrier, il lui faut, pour ne pas trouver de généraux qui lui soient supérieurs, descendre au dernier degré de l'intelligence et de la science militaires. C'est pourquoi, en 1870, alors qu'il entre dans une grande guerre où il joue sa couronne, les hommes dont il fait ses conseils et qu'il emploie s'appellent Lebœuf, Frossard, de Failly et Fleury.

Il est une cause toute spéciale, la guerre d'Afrique, qui, par surcroît, a pesé sur les généraux, pour leur faire perdre de vue les règles de la grande guerre. Le premier qui avait inauguré une tactique originale, appropriée à la conquête de l'Algérie, le maréchal Bugeaud, s'était révélé un homme supérieur, doué d'initiative et d'invention. Mais ce qui, à ses yeux, n'avait pu être qu'un mode passager, adapté à un cas spécial, pour ses successeurs, par habitude, tradition et routine, est devenu la manière même de faire partout campagne. Aussi voit-on, en 1870. les chefs méconnaître ces parties de la grande guerre qui, superflues en Afrique, avaient été délaissées, et les voit-on, par contre, importer en France des usages et des procédés insolites. Ils conduisent de grandes armées comme s'il s'agissait de simples colonnes, ils ne les répartissent pas entre les divers chemins qui se présentent pour les mouvoir sans encombre, ils les entassent sur une même route, de telle sorte que les corps se coupent les uns les autres et que les différentes armes s'enchevêtrent. L'intendance se comporte comme si elle était encore dans les déserts. Elle ne sait pas trouver autour d'elle, sur le sol français, de quoi nourrir les troupes, qui souvent restent affamées. Les soldats bivouaquent en plein air ou sous de misérables petites tentes, car on ne sait pas non plus les loger chez l'habitant.

Quand on a ainsi passé en revue les vices nombreux qui pénétraient le système militaire français à la fin du second empire, on s'explique les désastres et, tout en restant étonné de leur immensité, on comprend qu'ils n'ont été que la conséquence d'un état d'esprit funeste, commun à la nation et à l'armée depuis un demi-siècle.

Au lendemain de Sedan, la France se trouve nue et désarmée en face de l'invasion. Un flot d'ennemis dont le nombre approchera de 700.000 se précipite sur elle. La question militaire était alors décidée. La France était certainement vaincue. Elle ne pouvait se relever suffisamment, quoi qu'elle fît, pour arriver à repousser l'ennemi de son sol, en continuant la lutte. Et cependant un sentiment irrésistible a porté alors les Français à la continuer et leur a fait accepter, sans hésitation, d'énormes souffrances, plutôt que de consentir à une paix entraînant le dénombrement de leur territoire. Le sentiment qui les a fait agir ainsi s'est trouvé juste. L'historien, en même temps qu'il doit reconnaître l'impossibilité de faire réussir la résistance et d'en tirer un avantage matériel, doit aussi constater que l'avantage moral a été immense et que la France, déchue tout à coup dans son estime et dans celui du monde, accablée d'une chute stupéfiante, s'est moralement relevée par sa détermination de combattre encore. Elle a, par un effort désespéré, montré que chez elle la source du courage, de l'esprit de sacrifice, de l'abnégation patriotique, n'était point tarie. Elle a aussi montré que le fondement des vertus militaires subsistait toujours. Car, si on veut bien constater que toutes les forces régulières de la France avaient disparu, on ne s'étonnera pas que la Défense nationale n'ait pu vaincre, mais on s'étonnera qu'elle ait réussi à improviser des armées et qu'elle ait pu soutenir une lutte longue et acharnée.

IX

LA RÉVOLUTION ET LES NAPOLÉON

« Les Français, a dit de Tocqueville, ont fait en 1789 le plus grand effort auquel se soit livré aucun peuple, afin de couper, pour ainsi dire, en deux leurs destinées et de séparer, par un abîme, ce qu'ils avaient été jusque-là, de ce qu'ils voulaient être désormais. »

L'idée de l'enchaînement des faits et de la continuité historique, la notion de loi réglant tout organisme vivant, — l'agrégat social comme l'être individuel, — se sont tellement développées, qu'on juge maintenant, *à priori*, que l'entreprise de changer de fond en comble la vie des Français ne pouvait qu'échouer. On voit aujourd'hui que l'œuvre réalisée par la Révolution a surtout consisté, comme cela devait être, à détruire les parties vieilles et caduques de l'ancien régime; qu'ensuite l'effort au delà pour introduire un ordre nouveau en opposition avec les sentiments ou les instincts traditionnels encore vivants, après un triomphe apparent, devait, au contraire, amener un retour plus puissant que jamais de la manière d'être qu'on aurait voulu supprimer. Les philosophes qui ont préparé la Révolution avaient conçu, en opposition à l'ancien régime à détruire, une société nouvelle où, non seulement les vieilles formes gouvernementales, la structure de l'organisme politique seraient changées, mais où la transformation s'étendrait aux idées et à la conduite. La Révolution a débuté avec l'ambition de réaliser ce programme. Qu'en est-il résulté? On voit très bien maintenant ce qu'elle a accompli. Elle a renversé l'ancienne monarchie, les restes du système féodal. Elle a renouvelé l'organisme politique et gouvernemental. Si cette œuvre s'est achevée, c'est qu'elle était inévitable. L'ancien régime ne pouvait point se rajeunir. Il se maintenait depuis trop longtemps immobile sur lui-même, pour qu'on pût l'adapter à des conditions de vie nouvelle. La monarchie absolue fondée sur le droit divin du monarque, la noblesse devenue une caste étroite, en possession de privilèges exclusifs, le clergé comme corps spécial attaché lui-même aux corps privilégiés.

présentaient autant d'organismes dont on ne pouvait obtenir la transformation, et entreprendre de les changer, c'était se mettre, en réalité, à les détruire.

L'œuvre de la Révolution était donc nécessaire. Tout ce qu'on a remplacé ne pouvait manquer de l'être. Le changement a été considérable, et il existe un abîme entre le régime antérieur à la Révolution et la société née de son travail; mais l'abîme n'en est pas moins relatif, limité à des modes extérieurs. La manière d'être intime du peuple, ses passions et ses instincts fondamentaux ont survécu. Toute cette part de modification de l'intrinsèque et du tréfonds, que les philosophes croyaient réalisable, a été un avortement. L'homme nouveau que les philosophes avaient annoncé, que la Révolution devait faire naître, affranchi des superstitions du passé, heureux de vivre libre délivré des tyrans, capable de se gouverner avec sagesse, n'est apparu qu'à l'état de minorité.

Un des grands points de la rénovation attendue par les philosophes avait été la substitution, pour l'humanité régénérée qu'ils concevaient, de l'état de paix à l'état de guerre. Selon eux, l'homme en lui-même étant bon, le peuple, réunion de tous les hommes simples, ne pouvait manquer d'être bon. C'étaient donc les rois, les tyrans, les nobles,

les prêtres qui, vivant par l'exploitation des peuples naturellement portés à s'aimer, étaient responsables de l'état de violence qui prévalait entre eux. Lorsque tous les oppresseurs auraient été supprimés, l'humanité entrerait dans une ère où régneraient la bienveillance et la paix. Cette conception a dominé les philosophes et les écrivains qui ont préparé la Révolution. Ils ont cru toucher le moment heureux, où la paix allait s'établir, au sein des peuples, entre les hommes et, au sein de l'humanité, entre les peuples. Lorsque la Révolution commence, en 1789, les idées régnantes prennent corps avec l'Assemblée constituante, qui proclame les droits de l'homme, et, dans la générosité de ses aspirations et les illusions d'un début, cherche à édifier la société nouvelle. Il se produit alors une explosion de sentiments désintéressés qui restera l'éternel honneur de la France. Mais ce n'était là qu'une floraison fugitive due à l'influence des philosophes et à l'action d'une minorité cultivée, parvenue momentanément à diriger les affaires. La Révolution poursuit son cours. Bientôt, la lutte inévitable, entre le passé attaqué qui se défend et l'ordre nouveau qui veut triompher, s'engage. Les masses profondes de la nation entrent en scène; le peuple lui-même prend la conduite de la Révolution. Voilà enfin à l'œuvre.

dans l'exercice de sa souveraineté, cet homme affranchi de ses oppresseurs, que les philosophes avaient rêvé. Et que voit-on ? Des êtres animés des plus violentes passions, se conduisant avec un déchaînement de fureur, égal à tout ce que les siècles antérieurs avaient jamais pu montrer!

La Révolution devenue violente effraye les monarchies. La guerre entre la vieille Europe et la France révolutionnaire ne pouvait manquer d'éclater; mais cependant, c'est la France qui en prend l'initiative, en la déclarant à l'Autriche. La Révolution avait débuté par l'idée d'un apostolat, qui ferait participer tous les hommes aux bienfaits d'un ordre nouveau. Mais ses initiateurs n'avaient point pensé à employer la force : ils s'étaient proposé d'agir sur le monde et d'influencer les autres par l'exemple. Or, maintenant que la lutte s'est engagée avec l'Europe, que la France a pris les armes, l'idée généreuse des principes nouveaux à répandre va se mêler à l'enthousiasme guerrier. C'est-à-dire qu'il se produira, une fois de plus, une combinaison, où les Français se porteront au loin mus par un double mobile, le dessein particulier au moment — les principes de la Révolution à répandre — et, par-dessous, l'antique passion belliqueuse, saisissant l'occasion nouvelle de se satisfaire. L'impulsion qui pousse les Français de la Révolution hors de leurs frontières est de l'ordre complexe qui a autrefois produit les croisades, où l idée de délivrer le tombeau du Christ est venue se fondre avec l'amour de la guerre. Le mobile accidentel d'action s'est transformé, mais le vieux fond est resté identique.

De même que les premiers croisés, les Français de la Révolution, élevés comme au-dessus d'eux-mêmes par l'idée d'une mission à remplir, se montrent irrésistibles; ils se répandent au dehors et portent leurs frontières à l'extrême limite que la nature leur a tracée, le Rhin et les Alpes. Cependant le moment était venu de s'arrêter, de se replier sur soi, de passer de l'offensive à la défensive, en se maintenant sur les positions acquises. Toutes les leçons de l'histoire devaient enseigner que les conquêtes réalisées constituaient un agrandissement obtenu dans des circonstances exceptionnellement heureuses et déjà difficile à maintenir. Mais, au moment où la question de se retenir eût pu se poser et où la forme agressive de la France parvenue au Rhin et aux Alpes se fût probablement arrêtée d'elle-même, comme ayant atteint son maximum d'expansion, Napoléon Bonaparte survient qui, ajoutant sa force militaire propre, étonnante, à celle qui existait, fit que la combinaison des deux sembla irrésistible. Il entraîne alors les Français dans une agression sans frein contre l'Europe. Il les trouve en 1796 au sommet des Alpes et les mène d'abord en pleine Italie. Il s'y montre avec eux animé du mobile complexe de répandre les principes de la Révolution et de satisfaire ses penchants belliqueux. Mais si, dans la campagne d'Italie, la combinaison de la propagande révolutionnaire et de l'exercice de l'activité militaire subsiste encore telle qu'elle s'est d'abord formée, dès que Napoléon Bonaparte est revenu, il entreprend une expédition qui révèle ouvertement que chez lui les idées révolutionnaires à répandre ou toute autre cause d'action invoquée n'étaient que des prétextes pour la mise en exercice de la passion vraiment souveraine chez l'homme, la poursuite ardente de la guerre aventureuse. Il s'en va en Égypte. C'est-à-dire que ce jeune Bonaparte de vingt-sept ans s'est trouvé hanté des mêmes visions que le jeune Charles VIII de vingt-deux ans lorsqu'il s'était, lui, le premier, jeté dans l'aventure des guerres d'Italie, avec la pensée de se porter au delà, si possible, vers Constantinople et l'Orient. Ce que le faible Charles VIII n'a pu qu'entrevoir, le puissant Bonaparte l'a réalisé. Mais la chimère a été égale chez les deux, avec l'excuse chez Charles VIII qu'étant le premier en Italie, il n'avait eu l'exemple d'aucun avortement antérieur pour l'avertir.

Le vrai caractère de Napoléon Bonaparte, révélé par ses premières entreprises, allait être confirmé par toutes les autres. L'idée des principes de la Révolution à répandre se manifestant d'abord dans la campagne d'Italie comme un reste de passion qui s'éteint, et déjà absente dans celle d'Égypte, ne réapparaîtra plus ensuite qu'accidentellement ou qu'à l'état d'habitude verbale, alors que subsistera seule véritablement la passion de la guerre aventureuse, se satisfaisant sans frein, au mépris de tout sens politique et de toutes les leçons de l'histoire. Napoléon devenu empereur a rétabli une monarchie militaire plus centralisée que celle de l'ancien régime. Il se jette sur l'Allemagne qu'il dépèce, sur l'Autriche et la Prusse qu'il démembre, sur l'Espagne, qu'il veut conquérir, et poursuivant en même temps une guerre interminable contre l'Angleterre, se trouve avoir entrepris, avec les forces relativement restreintes de la France, de vaincre et de tenir subjugués tous les peuples de l'Europe.

Il y a cependant une nation placée au delà de toutes les bornes où la France peut prétendre dominer, la Russie, et Napoléon, dans sa soif d'action sans limites, va bénévolement l'attaquer et s'y engloutir. La marche sur Moscou de Napoléon et des Français représente, à travers l'histoire, la suprême témérité. Tous les autres exemples pâlissent à côté de celui-là. L'expédition des Athéniens contre Syracuse, qui amène la chute d'Athènes, les agressions de Charles le Téméraire et de Charles XII sont comme des événements fortuits, se produisant brusquement, sans que leurs auteurs aient eu le temps d'en entrevoir les conséquences, tandis que la marche sur Moscou a été délibérée comme le couronnement d'une série de campagnes toutes risquées et excessives. Napoléon et les Français, lorsqu'ils l'entreprennent, ont toute l'Europe ennemie derrière eux, prête à se soulever. Le point d'où ils partent, le Niémen, est tellement loin de leurs frontières, qu'ils sont déjà là sur l'abîme. Ils se consultent à Smolensk à mi-route, devant l'avortement dès lors certain de l'entreprise; mais l'hésitation n'est que passagère, ils reprennent la marche. Sur le chemin, ils ont cependant le soupçon, la vision même du gouffre vers lequel ils courent. Aussi les soldats font-ils entendre quelques murmures, les généraux hasardent-ils des remontrances. Napoléon lui-même semble hésiter. Tout est illusoire. Le tempérament et la passion sont les plus forts. Les Macédoniens avaient su se contenir et empêcher Alexandre d'aller se perdre dans l'Inde, mais jamais les Gaulois et les Français n'ont pu résister à la tentation de porter leurs armes au bout de la terre.

Napoléon et son armée entrent à Moscou après bataille gagnée, pour y trouver l'incendie et l'hiver et voir crouler leur grandeur, dans le désastre le plus volontairement cherché qui soit jamais venu frapper les hommes. Moscou représente, dans la carrière de Napoléon, le point extrême où une force qui se déchaîne sans frein arrive se briser. Après, survient de nécessité la régression naturelle, le choc en retour. En effet, la chute commencée à Moscou se continuait, la France envahie en 1814 perdait ses conquêtes et revenait au point d'où elle était partie. Napoléon et les Français essayaient un dernier retour convulsif, pendant les Cent jours, mais sans autre résultat que d'être de nouveau vaincus, envahis une seconde fois et de voir la régression à subir s'accentuer encore.

En somme, qu'ont fait les Français de la Révolution lorsque, après avoir renversé les rois, ils ont relevé le trône et mis dessus l'empereur Napoléon? Ils ont recommencé l'entreprise excessive que leurs pères de l'ancien régime à son apogée avaient tentée, la domination sur l'Europe. Ils ont poursuivi la même suprématie par les armes, qui avait séduit les hommes de la vieille monarchie. On voit ainsi combien a été vaine la prétention qu'ont eue les philosophes du XVIIIe siècle de couper l'histoire et d'amener un changement radical du peuple, en renversant l'édifice politique du passé et en abattant les classes privilégiées. Lorsque la destruction devenue inévitable de la partie caduque du passé a été réalisée, lorsque le roi, les nobles, les prêtres ont été dépossédés, on n'a point vu apparaître dans les plébéiens, devenus souverains à leur tour, des hommes foncièrement différents des anciens. Aussitôt que l'exaltation généreuse, où, en 1789, se montrent des sentiments réellement nouveaux, est passée, que la lutte s'est engagée entre les partis à l'intérieur et avec l'étranger au dehors, on voit les Français de la Révolution manifester les mêmes instincts et les mêmes penchants que leurs pères de l'ancien régime.

Tous les traits de l'action de Louis XIV se retrouvent, exagérés, dans celle de Napoléon. Chez les deux, après un début où, avec Richelieu, le sens politique avait régné, où, avec les hommes de 89, les idées de paix et de droits communs à tous les peuples avaient été proclamées, on observe une déviation complète, qui aboutit à la guerre de pure conquête, soutenue contre tous les peuples de l'Europe. Louis XIV et Napoléon laissent voir également la vieille ambition romaine, conservée chez une nation latine, d'exercer par les armes la suprématie hors des frontières. Mais Napoléon manifeste cette ambition d'une manière particulièrement téméraire. Il a dépassé Louis XIV dans ses prétentions dominatrices et dans son amour de la guerre, et, en même temps, l'enthousiasme qu'il a excité, l'adulation qu'il a provoquée ont été plus grands que ceux que l'autre a fait naître. On voit ainsi qu'ils ont été tous les deux des hommes représentatifs, donnant occasion, par leur conduite, aux passions maîtresses et primordiales d'un peuple de se satisfaire et, alors, suscitant une approbation d'autant plus grande, que les passions peuvent par eux se satisfaire avec le plus d'outrance. Et l'on voit aussi surtout que le changement amené par la Révolution dans les formes extérieures n'a en rien touché le vieux fonds chez les Français, puisque les actes d'une certaine nature qui avaient valu à Louis XIV l'admiration des hommes de l'ancien régime, encore exagérés par Napoléon, ont causé, en sa faveur, chez les hommes de la Révolution, une admiration encore plus grande.

Louis XIV avait été l'objet d'une adulation sans bornes. La noblesse avait passé sa vie à lui faire sa cour, elle avait vécu dans son antichambre, les plus illustres s'étaient disputé le privilège d'exercer auprès de sa personne des fonctions domestiques. Il est resté, après sa mort, aux yeux du clergé, des hommes de guerre, des hautes classes de la vieille France, le type de la grandeur, de la majesté et de la domination. Cependant, quelle qu'ait été de son vivant et après sa mort la hauteur où les hommes de l'ancien régime l'ont porté, elle n'approche point de celle où les plébéiens de la Révolution et du temps qui l'a suivie ont élevé Napoléon. Louis XIV n'a jamais cessé, malgré tout, d'être envisagé comme un homme, et ses excès, ses vices, son ambition, s'ils n'ont point soulevé de réprobation, n'en ont pas moins été vus, tandis que les Français de la Révolution ont eu la tête absolument tournée par Napoléon. Ils en ont fait un véritable dieu. Ils l'ont soustrait à toutes les règles applicables aux autres. Avec lui, et par lui, il n'y a plus eu rien de téméraire, tout a semblé réalisable.

Quand on parcourt l'amas de mémoires et de récits que ses contemporains ont laissés, on est surpris de la diversité d'aspects qu'il prend, de l'étonnante variété de facultés qu'on lui reconnaît. On se trouve en présence d'hommes tellement éblouis par leur héros, qu'ils le transportent tous en dehors du réel et ne voient plus en lui que la forme idéalisée que leur rêve ou leur imagination a créée. Le culte survit à la chute et à la mort de l'homme. L'histoire qui s'applique à raconter son règne, supprime les fautes, les crimes, masque les erreurs, ne sait porter aucun jugement général, d'où ressortirait avec évidence que les désastres, les invasions et la chute sont la conséquence logique de toute sa conduite. L'histoire disparaît, la légende et l'épopée la remplacent et mettent sous les yeux le fallacieux tableau d'une grandeur naturellement écroulée, qu'on veut relever quand même, en expliquant sa disparition par des causes accidentelles et secondaires.

Le travail poursuivi sur Napoléon par la littérature et l'art amène la France tout entière à se maintenir dans un idéal de grandeur militaire, qui fait que la vie pacifique normale se développant sous la monarchie légitime d'abord, puis sous celle de Juillet, ne paraît plus qu'une existence terne, monotone, dénuée de tout prestige et de toute grandeur. Et alors, on n'a plus que du mépris, quand le roi Louis-Philippe arrive à formuler et à mettre en pratique le système de paix, qui s'imposait désormais à la France, déduit des leçons du passé et de la vraie connaissance de l'Europe. Louis-Philippe aura été, à la maturité de la force militaire française et avant son déclin, le grand politique que Richelieu s'était montré au moment de l'essor à prendre. Il avait fixé avec sûreté la vraie place que la France devait tenir, celle d'égalité avec n'importe quelle autre puissance de premier rang, et avait renoncé à toute suprématie par les armes, la jugeant condamnée par les enseignements à retirer à la fois des désastres subis à la fin du règne de Louis XIV et des deux invasions amenées par Napoléon. Il s'était appliqué à maintenir l'équilibre des forces tel qu'il existait, parce qu'il avait justement reconnu que tout réarrangement se ferait au désavantage de la France. Cependant ce politique si supérieur a été méprisé par ses contemporains. Il a été traité de vil bourgeois. On a dit qu'il maintenait la paix à tout prix, qu'il s'abaissait devant l'étranger. On a dit qu'il corrompait la France, en lui donnant pour but le développement industriel et commercial de la richesse. On a qualifié la révolution qui l'a renversé, de révolution du mépris. Il ne s'est trouvé, pour l'approuver, qu'environ trois cent mille bourgeois, qui formaient le corps électoral étroit sur lequel il s'appuyait.

Il est vrai que les républicains qui l'avaient le plus combattu sur les questions intérieures, une fois maîtres du gouvernement en 1848, ont adopté eux-mêmes sa politique étrangère pacifique et, avec Lamartine, ont aussi adhéré au maintien du *statu quo* en Europe. La conduite pacifique que les bourgeois de la monarchie de Juillet avaient tenue surtout par souci des intérêts, les républicains la tendaient à leur tour, par idée de générosité et pénétrés de cette croyance en la bonté des hommes, qui s'était d'abord emparée de la France en 1789. Les républicains de 1848 ne formaient qu'une faible minorité au sein de leur nation, mais ils en ont représenté les sentiments généreux et les aspirations nobles, par leur confiance en l'humanité et leur espoir qu'une période de concorde allait s'ouvrir, grâce à eux, entre les peuples. Illusions promptement déçues, mais illusions généreuses, qui illuminent un instant la pénible réalité de l'histoire.

Les républicains, dans leur optimisme, ont donc établi une Constitution où la défense des libertés publiques est remise directement au peuple, appelé à élire, par le suffrage universel, ses représentants et un chef d'État, président de la République. Et à peine le peuple est-il en possession de sa souveraineté, que, d'un mouvement irrésistible, il se tourne vers le guerrier qui avait été son maître, que son imagination avait tout le temps agrandi, idéalisé, déifié, vers Napoléon. Il élit son neveu, Louis-Napoléon, président de la République. Celui-ci, par un coup d'État, détruit la Constitution, se fait chef absolu, et le peuple, consulté à deux reprises, au moyen du plébiscite, ratifie ses actes d'abord par 7.437.000 suffrages contre 640.000, puis par 7.839.000 contre 254.000.

Ainsi, soixante ans après la Révolution qui devait amener une complète rénovation, il s'est trouvé que les hommes pénétrés de sentiments réellement autres que ceux du passé ne forment qu'une faible part du peuple entier. En mettant ensemble les trois cent mille bourgeois libéraux sur lesquels s'est appuyée la monarchie de Juillet et les six cent quarante mille républicains qui ont dit « non » au premier plébiscite, on obtient le chiffre d'environ un million de Français, attachés au gouvernement libre, ayant su en apprécier les mérites sous la forme de la monarchie constitutionnelle ou de la république, et désireux de vivre en paix avec leurs voisins.

Cette minorité de progrès a été engloutie au plébiscite; et par-dessus, les couches pénétrées de l'esprit ancien ont recréé le régime militaire d'un Napoléon, pour obtenir autre chose que ce que la monarchie de Juillet et la République de 1848 avaient donné. Car il est inutile de vouloir distinguer entre la conduite tenue par un gouvernement et le désir des électeurs, surtout dans le cas du second empire, lorsqu'un régime est rétabli en souvenir d'un premier, dont le caractère est connu et dont l'œuvre est restée l'éblouissement de l'imagination. Sept millions d'hommes, en souvenir d'un premier Napoléon, ont dit à un nouveau : « Gouverne-nous comme l'autre nous avait gouverné, redonne-nous ce que l'autre nous avait donné ». Et en effet, Napoléon III, après avoir commencé comme l'autre par un coup de force, et avoir voulu comme l'autre dominer l'Europe par les armes, devait, lui aussi, attirer sur la France la ruine militaire et l'invasion.

*
* *

Ce qu'on peut dire de définitif sur les Napoléon, c'est qu'ils ne se sont élevés que pour tomber et disparaître. Leur chute était inévitable. On ne saurait concevoir qu'ils eussent pu s'établir.

Les Napoléon apparus après deux révolutions, qui devaient substituer à l'ancien régime autoritaire et guerrier un ordre libéral et pacifique, ont introduit un système plus absolu que celui du passé et ont tenté à nouveau la domination, au dehors, par la force des armes. Leur action était donc en complète contradiction avec l'œuvre que la Révolution avait voulu réaliser en France et en Europe : aussi n'ont-ils pu s'emparer du pouvoir que par des coups de force, en comprimant violemment la partie de la nation éclairée, chez qui les idées nouvelles s'étaient développées. Les Napoléon sont tous les deux partis, dans leur tentative d'agrandissement extérieur, d'un point qui représentait chaque fois, pour la France, le maximum de force et d'influence auquel la nature des choses lui permettait de prétendre. Par conséquent, on peut les comparer à des architectes qui, en voulant élever de nouveaux étages sur un édifice arrivé à toute sa hauteur, entreprendraient une œuvre condamnée dès l'abord à l'écroulement.

Lorsque Napoléon Bonaparte survint en 1796, la France avait atteint les extrêmes limites que la nature lui a tracées, le Rhin et les Alpes. C'étaient les bornes que l'empire romain avait données à la Gaule sans pouvoir les dépasser. Depuis que la France s'était développée, elle n'était jamais parvenue à s'avancer jusque-là. L'effort qu'elle avait fait, à un moment où l'enthousiasme révolutionnaire la pénétrait pour arriver au Rhin, était donc certainement quelque chose d'exceptionnel. Il fallait être aveugle pour avoir seulement la pensée de s'étendre encore plus loin. Et l'entrée dans cette voie, la guerre offensive portée dans toute l'Europe, ne pouvait qu'amener un retour des peuples lésés, se coalisant tous pour repousser la France sur son vieux territoire.

De même que Napoléon Ier, Napoléon III trouvait le pays qu'il venait gouverner en possession, avec les frontières de Louis XIV, des limites et de l'influence auxquelles il pouvait naturellement prétendre. La France, deux fois envahie, en 1814 et en 1815, était restée longtemps soumise à la malveillance de ses vainqueurs. La sage politique de la Restauration et de Louis-Philippe avait fini par dissiper les défiances et, en 1848, elle avait complète liberté d'allures et était l'égale de n'importe quelle grande puissance. Mais, en s'éclairant des enseignements du passé et des souvenirs du règne même de Louis-Philippe, où l'on avait vu en 1840 la coalition européenne prête à se renouer, il était certain que la malveillance des puissances se réveillerait, si la France voulait reprendre ses tentatives de suprématie en Europe par les armes. On eût pu aussi prévoir que les prétentions émises par la Prusse, en 1815, sur le territoire de langue allemande conquis autrefois par la France, se reproduiraient, si celle-ci, par ses fautes, en donnait l'occasion. Il y avait donc des ménagements à garder envers l'Europe, pour être même sûr de conserver ce que l'on possédait. C'est dans cette situation qu'au contraire Napoléon III va successivement attaquer la Russie, l'Autriche et la Prusse. Il succombe dans la lutte engagée contre cette dernière, sans que les deux autres, qu'il a d'abord vaincues, et qui n'ont pas oublié leurs défaites, veuillent intervenir pour modérer le vainqueur, qui s'empare des provinces qu'il avait, en effet, manifesté autrefois l'intention d'acquérir.

Les Napoléon ont donc été naturellement détruits pour avoir recherché une grandeur excessive en soi. Il ne faudrait donc point représenter le premier, qui a servi de modèle au second, comme ayant d'abord établi une puissance supérieure véritable, qui n'a croulé ensuite que par des excès et des causes accidentelles. C'est là le jugement faux porté par ce que l'on a appelé l'épopée, et par l'histoire qui s'en est laissé pénétrer. L'activité napoléonienne a été dès le début, d'ordre ruineux; elle s'est tout de suite appliquée à des extensions intenables. Et après avoir reconnu que l'œuvre était excessive, en constatant dans son ensemble l'écroulement final, on vérifie ce jugement par l'examen particulier de chaque entreprise, car on voit alors que toutes étaient également fausses et condamnées à échouer. On s'assure ainsi que Napoléon n'est venu ajouter aucune part de grandeur viable à celle qu'il trouvait établie, mais que, dès le premier jour, il s'est simplement mis à consommer la force militaire immense dont il disposait.

Comme début, il se jette au cœur de l'Italie. Or, s'il était une vérité démontrée par l'histoire, c'est que l'Italie est, par sa situation géographique et l'esprit de son peuple, une terre où la France n'a jamais pu prendre pied. Les déboires accumulés de Charles VIII, Louis XII, François Ier, Louis XIV auraient dû enseigner aux Français de 1796 à rester sur les Alpes, où ils étaient invincibles, pour y recevoir le choc de leurs ennemis, au lieu d'aller s'affaiblir, en cherchant à s'étendre de nouveau en Italie. Sous le décor des batailles brillantes réapparaît promptement la réalité que l'Italie ne peut être gardée. Lorsque Napoléon Bonaparte s'en est allé en Égypte, que la France a divisé ses forces, les Autrichiens rentrent en Italie, les Français sont une fois de plus rejetés, du royaume de Naples où ils avaient pénétré, jusque sur les Alpes. Napoléon Bonaparte, consul, les repasse et, encore vainqueur à Marengo, regagne l'Italie. Sa possession restera toujours précaire; elle le conduira, comme autrefois Louis XII, à une lutte désastreuse avec le pape, qui l'affaiblira, au moment où il aurait le plus besoin d'appui, en lui aliénant le clergé et les fidèles catholiques. L'Italie sera tout de suite perdue en 1814, et la mainmise sur le royaume de Naples se terminera par l'exécution de Murat, que Napoléon avait pensé y implanter.

La seconde expédition est celle d'Égypte. Or, s'il est une vérité démontrée par l'avortement des Croisades, c'est que rien n'est plus décevant pour des hommes partant de France que la tentative de fonder des établissements à l'orient de la Méditerranée. Les Français avaient, comme enseignement spécial, pour les écarter de l'Égypte, le sort de leur roi saint Louis, tombé en captivité après s'y être vainement épuisé. En effet, l'armée que Napoléon Bonaparte y entraîne devait, elle aussi, y devenir prisonnière.

Lorsque Napoléon s'est tout à fait abandonné à son esprit d'agression, après Tilsitt et Wagram, il s'est étendu, à la fois, en pleine Allemagne au delà du Rhin, en Italie jusqu'à Naples, et dans toute la péninsule Ibérique. C'était, fort exagérée, la position intenable à laquelle Louis XIV, à l'apogée de sa grandeur, s'était laissé entraîner, avec encore cette aggravation que Louis XIV combattait en Espagne les Anglais, ayant avec lui les Espagnols, tandis que Napoléon y combattait les Anglais et les Espagnols réunis. Il n'avait donc recommencé l'entreprise outrée de son devancier que par un aveuglement volontaire, mais au moins pouvait-il ne pas dépasser l'Europe centrale, tandis qu'il s'en va attaquer la Russie, et là encore il avait, pour lui montrer la ruine vers laquelle il courait, les exemples de Darius et de Charles XII, qui lui apprenaient que la Russie dévore sûrement ses envahisseurs. La régression immanquable que Louis XIV avait dû subir par l'exagération de ses entreprises, Napoléon doit aussi la subir; mais comme ses entreprises ont été plus exagérées que celles de Louis XIV, la régression est aussi plus forte, et, tandis qu'au dernier moment Louis XIV avait pu repousser l'invasion et garder ses conquêtes, Napoléon voit deux fois les ennemis envahir la France, pour le détrôner et reprendre ses conquêtes et celles de la Révolution.

Quand on a ainsi examiné successivement les campagnes du premier Empire, on reconnaît qu'elles devaient fatalement amener une ruine complète. Chacune en particulier n'est que le retour à des entreprises antérieures avortées. On voit ainsi que les Français, qui avaient prétendu par la Révolution entrer dans des voies nouvelles, ont simplement, sur un point essentiel, la poursuite de la guerre, exagéré les erreurs du passé. Ils ont, avec Napoléon, comme condensé leur histoire militaire, en répétant toutes les entreprises irréalisables que leurs pères, au cours des siècles, avaient tentées. Rien n'apparaît donc plus naturel et plus logique que les désastres et la ruine qui s'en sont suivis. Pour s'expliquer que l'action militaire de Napoléon ait pu, malgré tout, exciter l'enthousiasme, il faut donc comprendre qu'elle correspondait à cet instinct, immuable, chez les Français de l'amour de la guerre aventureuse, de la guerre poursuivie pour elle-même et portée, en toute occasion, à travers le monde.

Mais, pour établir définitivement quelles sont bien les satisfactions que les Français trouvaient dans l'activité de Napoléon, il faut voir comment ils sont allés demander à un second de reprendre le rôle du premier. Quand on a vu, en effet, ce que le second a donné, qui a aussi d'abord excité l'approbation, on s'explique tout à fait pourquoi Napoléon, malgré la ruine de son œuvre, a enivré la France, et on se rend un compte exact du genre d'instincts et de sentiments que lui et son neveu ont surexcités et satisfaits.

Napoléon III n'a fait que répéter ou imiter des entreprises manquées ou funestes de Napoléon Ier. De telle sorte que l'on peut dire que son règne représente, dans l'histoire de France, le point extrême de l'aberration politique. Car, en plus des enseignements du lointain passé que Napoléon Ier a dédaignés pour poursuivre sa carrière téméraire, Napoléon III avait pour l'éclairer ceux qui venaient de son prédécesseur, encore voisins et qui, ajoutés aux autres, eussent dû former un ensemble de preuves portant avec lui l'évidence. C'est donc en fermant les yeux sur toutes les leçons, vieilles ou récentes de l'histoire, ne sachant en outre voir que depuis longtemps la force relative de la France est en décroissance par rapport à celle de ses voisins que Napoléon III, avec l'approbation des Français, a recommencé la guerre agressive en Europe et qu'il a débuté par une témérité semblable à celle par laquelle Napoléon Ier avait fini, en allant attaquer la Russie.

Il est vrai qu'au lieu de s'enfoncer au cœur du pays, il s'est tenu sur le littoral de la Crimée où, allié des Anglais, il a pu se tirer vainqueur de la lutte. Mais, comme il a oublié, que si Napoléon Ier a vu la coalition européenne devenir contre lui irrésistible, c'est pour s'être aliéné la Russie, il inflige à celle-ci la pénalité perpétuelle de ne pas entretenir de marine militaire dans la mer Noire, et assure ainsi à ses ennemis la faveur de la seule nation en Europe à laquelle sa situation géographique eût interdit d'être hostile à la France.

Après s'être attaqué, comme Napoléon Ier, à la Russie, il reprend aussi, comme lui, la guerre d'Italie, malgré les avortements sans nombre du passé. L'Italie, par-dessous le décor habituel des batailles gagnées, lui est aussi funeste qu'à tous les autres. Il s'engage, comme Louis XII et Napoléon Ier, dans des démêlés désastreux avec le Pape. Et, comme le peuple et les princes italiens à travers toutes leurs dissimulations n'ont jamais eu pour les Français que de l'envie ou de la haine, il verra la maison de Savoie, agrandie par lui, se tourner, selon ses traditions de bascule, vers la Prusse et former avec elle des alliances anti-françaises. Il ne recommence pas, il est vrai, après saint Louis et le général Bonaparte, à sacrifier une armée en Égypte, mais il entreprend une expédition encore plus lointaine, plus infailliblement condamnée à échouer. Il va, au delà de l'Océan, user ses forces dans l'essai de donner un empereur au Mexique. Enfin il se mêle de changer l'équilibre des forces en Allemagne, contrairement à tout intérêt français, et, après s'être d'abord mis du côté de la Prusse contre l'Autriche, se repentant ensuite d'avoir contribué à l'agrandir, il va l'attaquer et attire ainsi sur la France le plus grand désastre qu'elle ait subi au cours de son histoire. Il termine enfin sa carrière, en devenant, sur le champ de bataille, prisonnier de l'ennemi, lui quatrième souverain français, après saint Louis, le roi Jean et François Ier.

Toutes les entreprises de Napoléon III, examinées successivement, étaient donc pernicieuses, aussi bien que celles de Napoléon Ier, et par là elles étaient destinées, elles aussi, à amener une régression, qui s'est encore fait sentir par une invasion. Cependant Napoléon III n'avait été élevé que pour répéter le premier, qui enthousiasmait. Il en était si bien ainsi, qu'en effet les expéditions du début, les guerres de Crimée et d'Italie, quelque erronées qu'elles fussent en elles-mêmes, ont causé une satisfaction profonde, que même l'expédition du Mexique n'a pas détourné de lui la nation, puisqu'elle lui a donné, à un dernier plébiscite, sept millions de suffrages.

Quand on a bien reconnu comment Napoléon III, après Napoléon Ier, a enthousiasmé le peuple et que, cependant, son action, comme celle du premier, était d'ordre néfaste, on se confirme définitivement dans le jugement d'abord porté, que ce qui se satisfaisait, par l'intermédiaire des deux, était bien cette passion toujours vivante de l'amour de la guerre en elle-même et pour elle-même, portée à travers le monde.

On voit, en effet, que dans toutes les circonstances où les Français se sont jetés hors de chez eux, les armes à la main, aux Croisades, aux guerres d'Italie, avec Louis XIV, à la Révolution et avec les Napoléon, il y a chaque fois un motif différent et momentané qui les entraîne, combiné avec un instinct fixe, qui réapparaît toujours semblable, l'amour de la guerre aventureuse. Et tandis que la cause immédiate d'action, variable chaque fois, se modère ou s'éteint promptement, comme étant en soi accidentelle, l'autre passion, au contraire, qui est éternelle et a sa racine aux entrailles mêmes du peuple, persiste à se satisfaire, après que la cause temporaire à laquelle elle était d'abord associée a cessé d'être. C'est ainsi que les Croisades se continuent longtemps après que la ferveur religieuse s'est affaiblie, c'est ainsi que la guerre, d'abord commencée avec Richelieu, en vue d'avantages certains et limités à obtenir, se poursuit avec Louis XIV témérairement, pour la satisfaction du pur orgueil et de l'éclat à s'en promettre. De même la guerre portée d'abord pendant la Révolution hors des frontières, avec le but de propager les principes nouveaux, et portée d'abord en Italie par Napoléon Bonaparte lui-même en partie avec cette idée, finit par la perdre complètement, pour ne laisser voir que la pure ivresse militaire se satisfaisant à tout risque et sans frein.

Mais lorsqu'on a ainsi constaté, par-dessous la manifestation de sentiments variés, la réapparition toujours semblable de la même passion guerrière, on reconnaît qu'on n'est point là en face d'une propension née au cours de la vie purement française, mais bien d'un trait de caractère tout à fait antique et primordial. Que c'est, en définitive, la prévalence, à travers tous les âges et toutes les formes, survivant à tous les changements et à toutes les révolutions, de l'instinct qui a pénétré les plus vieux Gaulois, la combativité agressive, le penchant à se jeter à toute occasion dans la guerre et à la porter au loin, surtout pour le plaisir qu'elle procure. Quand Duruy, après mille ans d'interruption de vie propre en Gaule par le fait des conquêtes romaine et germaine, a reconnu que l'activité guerrière, revenant avec les Croisades, se produisait sous les traits essentiels qu'elle avait eus sous les Gaulois, on est forcément entraîné à dire que, des Croisades aux Napoléon, les six siècles qui se sont écoulés n'ont, pas plus que les mille ans antérieurs, amené de changement. Car il est évident que les Français de la Révolution ont simplement repris, avec les Napoléon, la vie guerrière aventureuse telle que les Croisés l'avaient aimée et telle que les Gaulois, deux mille ans auparavant, l'avaient eux-mêmes poursuivie.

C'est bien, en effet, une même passion persistante, d'un caractère très défini, qui subsiste à travers toutes les manifestations guerrières des Gaulois et des Français, puisque les traits particuliers qui se révélaient dans la conduite des Gaulois, qui les différenciaient des autres peuples de l'antiquité, sont les mêmes qui ont toujours différencié les Français et les différencient encore aujourd'hui de leurs voisins. Dans l'antiquité, si tous les peuples faisaient la guerre en permanence, aucun ne la faisait à la manière téméraire des Gaulois. Par conséquent, tandis que les Romains développaient avec prudence un plan qui devait leur soumettre le monde, que les Germains combattaient surtout pour acquérir des terres où ils pussent s'établir, les Gaulois se livraient à des expéditions aventureuses, dirigées, selon les mobiles du moment, contre les peuples

les plus divers. Aussi, tandis que Romains et Germains ont atteint le but politique et réalisable qu'ils poursuivaient, les Gaulois n'ont rien obtenu de leurs guerres agressives, leurs entreprises risquées se terminant toutes par une régression naturelle, qui les ramenait au point de départ.

La manière de pratiquer la guerre des Gaulois étant celle qui se retrouve chez les Français, la conduite identique mène à des résultats identiques. Tandis qu'on voit dans les temps modernes les Anglais, comme autrefois les Romains, se proposer la création d'un grand empire, dans une voie tracée, et y réussir, les Allemands, à l'imitation de leurs ancêtres, s'étendre sur les territoires à leur portée, on voit les Français, de même que les anciens Gaulois, s'attirer, par l'outrance et le décousu de leurs entreprises, des régressions qui les ramènent aux Croisades, aux guerres d'Italie, avec Napoléon Ier, au point de départ et, avec Napoléon III, fort en arrière.

Ainsi, par exception, la seule période de l'histoire des Gaulois et des Français où la guerre portée au dehors sans frein aura pu éviter la régression finale naturelle et maintenir les acquisitions d'abord réalisées, aura été celle de Louis XIV.

On reconnaît de la sorte combien les révolutions

en apparence les plus décisives laissent intacte l'essence même des caractères. Il existe, vraiment, chez certains peuples, de ces instincts qui demeurent toujours vivants. Même la suite accumulée des siècles est impuissante à les supprimer. On ne s'étonnera donc point que la Révolution, tout en détruisant le régime politique du passé, ait vu réapparaître les antiques passions. Elles n'étaient pas l'apanage des classes privilégiées, mais se maintenaient au contraire d'autant plus inconscientes et irrésistibles, qu'on descendait en dessous, dans les couches profondes. C'est ce qui explique qu'au moment où les disciples de la philosophie du XVIIIe siècle entreprennent de substituer à l'antique activité guerrière un ordre de liberté et de paix, on voit presque aussitôt Napoléon séduire le peuple par ses victoires et le rejeter, jusqu'à épuisement irrémédiable, dans la guerre aventureuse.

FIN

TABLE DES MATIÈRES

8-3-01 — Tours, Imp. E. Arrault et Cie.

www.ingramcontent.com/pod-product-compliance
Ingram Content Group UK Ltd.
Pitfield, Milton Keynes, MK11 3LW, UK
UKHW031832260826
14628UKWH00001B/351

9 782016 135457